Oskar der Flamingo

Gabriele Nicoleta

Herstellung und Verlag:
BoD - Books on Demand, Norderstedt
ISBN 978-3-7460-8851-8

Inhalt

Oskar

Wie schon so oft ihn seinen Leben betrachtete Oskar sein Spiegelbild im Wasser. Oskar war ein Flamingo. Einer von vielen Flamingos in Sardiniens Süden. Einer von sehr vielen Flamingos. Er schaute sich um und konnte keinen Unterschied zu seinen Artgenossen erkennen. Sein hellrosa Federkleid mit den pinken Flügelspitzen war nichts Besonderes. Auch sein gebogener Schnabel, dessen unteres Viertel schwarz war, sah genauso aus wie bei den anderen. Jedenfalls fast, seine Eltern würden Oskars Schnabel unter Tausend anderen herauskennen aber für jeden anderen war es einfach nur ein Flamingoschnabel. Selbst seine langen, dünnen Beine mit den Schwimmhäuten gleichen den anderen. Ja, er konnte mit Sicherheit sagen, dass er ein Flamingo war und immer einer bleiben würde.

Seine Eltern fanden, dass es an der Zeit wäre eine passende Partnerin zu suchen. Dass dies nicht so einfach werden würde, das wussten alle, denn auch wenn er äußerlich durch und durch ein Flamingo war, so sehr unterschied er sich trotzdem von den anderen. Seine Eltern sagten, dass er ein Träumer sei. Die meisten anderen Flamingos nannten ihn Tollpatsch oder Taugenichts. Während die anderen mit ihrem Schnabel das Wasser nach Plankton und Kleinkrebsen durchforsteten, hielten sie ihre Augen offen. Nur er hielt sie fest verschlossen, damit er seinen Tagträumen nachhängen konnte. Dabei stieß er regelmäßig mit einem seiner Nachbarn zusammen und die ganze Kolonie geriet in Aufregung. Schnell wurde er zum Einzelgänger, der Abseits der Gruppe auf Nahrungssuche ging.

Seit er denken konnte war das so. Er lebte mit seinen Eltern und rund 2000 anderer in einer Kolonie in den Salinen bei Cagliari. Als er noch klein war erzählten seine Eltern ihm von den Wanderungen in die Überwinterungsgebiete. Das klang aufregend und Oskar hätte es so gerne selbst erlebt. Doch schon lange fliegen die Flamingos nicht mehr in die wärmeren Gebiete sondern überwintern hier auf Sardinien. Von seiner Mutter erfuhr er von den fernen Ländern und den seltsamen Tieren, die sie gesehen hatte. Ständig träumte Oskar davon, einfach loszufliegen und sich das alles selbst anzusehen. Was ihn daran hinderte war seine Angst, ohne der Kolonie alleine und schutzlos zu sein.

Wie immer überlegte er vor sich hin, wie er sein Leben ändern und spannender machen konnte. Sollte er, wie seine Eltern ihm geraten hatten, sich eine Frau suchen und mit ihr eine Familie gründen? Ein fröhliches Weibchen und viele muntere Flamingo-Küken, das wäre doch bestimmt spannend. Doch welche der

hier lebenden Flamingo-Weibchen würde
sich für ihn interessieren? Sobald er
sich nach einer von ihnen umdrehte sah
sie erschrocken weg, als würde sie Angst
vor ihm haben. Oskar war klar, dass er
ungeeignet war um eine Familie zu
gründen. Er war einfach zu tollpatschig.
Sein größter Wunsch war es, einfach
loszufliegen und sich die alten
Winterquartiere anzusehen, in Afrika am
Victoriasee, wo sich Störche und
Löffler, Nilpferde, Elefanten und
Giraffen trafen.

Wieder einmal träumte Oskar von einem
Land, das er nur aus Erzählungen kannte,
und hatte schon wieder vergessen über
was er eigentlich nachgedacht hatte,
bevor er abgeschweift war. Das passierte
ihm regelmäßig, dass er seine Gedanken
schweifen ließ. Heute war es ganz
besonders schlimm. Vor lauter
Gedankenschweiferei war er noch weiter
von der Kolonie abgekommen als sonst. Er
merkte gar nicht, dass er ganz allein

war und niemand ihn mehr sehen konnte. Plötzlich zappelte etwas heftig in seinem Schnabel, das auch noch laut zu Schimpfen und Fluchen anfing. „Lass mich sofort aus, du ungehobelter Rohling! Verdammt nochmal! Bist du taub?" Erschrocken hob Oskar den Kopf und sah auf seinen Schnabel, aus dem ein durchsichtiges, formloses Etwas wabbelte. Dieses Etwas ähnelte einem taubengroßen Wassertropfen, aber keinen Lebewesen. Jedenfalls keinem, das er kannte. Verunsichert starrte er es an, ohne etwas zu sagen. Das Wesen hörte so schlagartig auf zu zappeln, dass Oskar schon Angst hatte, er hätte es versehentlich todgebissen. Doch das Wesen war nicht tot und machte nun einen Vorschlag: „Bitte lass mich runter, dann erfülle ich dir einen Wunsch." Nun war Oskar noch überraschter und fragte das komische Etwas, ohne es dabei loszulassen: „Wie willst du mir einen Wunsch erfüllen, wenn du nur ein

Wassertropfen bist?" Da fing das Wesen an zu lachen und meinte: „Hast du noch nie etwas von den Wassergeistern gehört? So einer bin ich. Und ich kann Wünsche erfüllen." Oskar dachte nach, ob er je etwas davon gehört hatte, aber beim besten Willen fiel ihm nichts ein. Er konnte sich nicht erinnern, dass jemals jemand über solche Geister gesprochen hätte. Also sagte er wahrheitsgemäß: „Nein, von dir habe ich noch nie gehört." Stumm blickte ihn der Wassergeist an und zog die Stirn kraus. Er überlegte, wie er Oskar überzeugen konnte, ihn endlich wieder frei zu lassen. Doch Oskar war nicht bereit, seinen Fang so schnell wieder herzugeben. Der Wassergeist hatte ihn neugierig gemacht und Oskar wollte noch mehr von ihm erfahren. Also fragte er weiter: „Wo kommst du her und warum habe ich dich noch nie gesehen? Hast du einen Namen?" Tief schnaufte das kleine Wesen ein und aus: „Mein Name ist Marino. Ich lebe im Meer und halte mich normalerweise nicht so nah am Ufer auf, damit ich nicht entdeckt werde."

„Ich bin ein Flamingo und heiße Oskar" sagte Oskar strahlend. Doch Marino interessierte das ganz und gar nicht. „Ich weiß welches Tier du bist, von deiner Sorte gibt es ganz viele überall auf der Welt." *Überall auf der Welt?* Nun wurde Oskar noch neugieriger. „Warst du schon in anderen Ländern und hast andere Tiere gesehen?" Doch Marino war nicht bereit, mehr zu erzählen, solange er noch am Schnabel hing. „Erst wenn du mich loslässt erzähle ich dir mehr" forderte er.

Sofort ließ Oskar ihn los und schaute ihn mit großen Augen an. Mit einem leisen Platsch! fiel Marino ins Wasser, verschmolz mit dem Meer und war nicht mehr zu sehen. "Wo bist du?" rief Oskar ins Wasser. Doch der Geist war verschwunden. Oskar blieb traurig stehen

und wartete. Er war reingelegt worden.
Oder etwa doch nicht? Tatsächlich
tauchte Marino nach einer Weile wieder
auf und erklärte: „Ich muss nach Hause.
Mein Vater hat mich gerufen. Aber morgen
bin ich wieder da." Oskar konnte nichts
erwidern, so schnell war der Wassergeist
wieder weg. *Er ist zurückgekommen* freute
sich Oskar, *und morgen kommt er wieder.*
Oskar wusste schon ganz genau, was er
sich wünschen würde.

Marino

Was für ein komischer Kauz dieser Oskar doch ist, dachte sich Marino als er tief ins Meer abtauchte. Papa war also zuhause und wollte, dass sich augenblicklich alle seine Kinder um ihn scharrten. Bestimmt würde es wieder ein Donnerwetter geben, weil Marino sich so nah an der Wasseroberfläche aufgehalten hatte. Seine Geschwister waren alte Petzen, besonders Marina, seine Zwillingsschwester. Seine Familie lebte vor den Kanaren im Atlantik aber er liebte das Mittelmeer, das Marina abfällig als Badewanne bezeichnete. Doch für ihn war es ein Paradies, in dem es viel zu entdecken gab. Es machte ihm Spaß, den großen Kreuzfahrtschiffen zu folgen, wo die Menschen gespannt aufs Meer sahen. Manchmal neckte er sie und ließ Wellen wie Delfine aussehen und die Leute jubelten vor Freude. Die Nächte verbrachte er in der Nähe des Vulkans

Stromboli, um zu beobachten, wie er alle
zehn Minuten Feuer spie. Als Marino und
seine Geschwister noch klein waren hatte
ihre Mutter die schönsten Geschichten
erzählt; damals lagen sie in einer
Muschel und lauschten ihren
Blubberblasen. Sie blubberte ihnen vor,
dass der Stromboli eigentlich ein Drache
sei, der in einen Berg gefangen ist.
Aber sollte der Drache irgendwann einmal
ausbrechen, dann würde er den ganzen
Berg verschlingen. Immer wenn Marino
daran dachte musste er schmunzeln.

Marinos Dad war die meiste Zeit nicht
da, aber wenn er mal zuhause war, dann
wollte er alle seine Kinder um sich
haben. Dann rief er ihre Namen und ein
Sog zog sie alle an, sie mussten seinem
Ruf folgen. Papa Wassergeist hatte sich
für seine Familie eine Grotte
ausgesucht, die die Menschen Abades Berg
nannten. Damit sie ihre Ruhe haben, hat
er ihr Zuhause mit einer starken
Brandung und gefährlichen Strömungen

gesichert. Zudem sollten riesige Fischschwärme von ihrem Zuhause ablenken. Stachel- und Adlerrochen kreisten immer in ihrer Nähe, bei Gefahr würden sie sich jedem Eindringling in den Weg stellen. Trotzdem gab es immer wieder Taucher, die das alles nicht abschreckt. Dann konnte es passieren, dass seine Mama sich eines ihrer Haustiere schnappte und diese den Tauchern entgegenwarf. Die Menschen mögen keine Seeigel weil die Stacheln giftig und sehr schmerzhaft sind. Doch alle Wassergeisterkinder spielen mit ihnen als seien es Bälle, die sie sich gegenseitig zuwerfen. Neben Mama, Papa und Marina gehörten noch die vier großen -Aquarina, Tides, Oceanus und Maren- sowie die kleinste, Ola, zu ihrer Familie. Das Schöne daran, ein Wassergeist zu sein, ist, dass sie sich in jede Form verwandeln können. Allerdings sind sie durchsichtig und man kann nur die Umrisse sehen. Oma Olaje sagte immer zu den Kindern „ihr seht alle gleich aus, wie ein nasses Handtuch". Dabei lachte sie viele, kleine Blubberherzen.

Marinos Gedanken platzten wie eine der Luftblasen, die sein Vater von sich gab als er Marino anblubberte. „Wo warst du schon wieder?" blubberte Vater Wassergeist zornig, „So salzig wie du aussiehst warst du wieder in einer der Salinen." Marino warf Marina einen bösen Blick zu weil diese hämisch grinste und ihm die Zunge zeigte. *Blöde Wasserzicke* dachte er. Er kam jedoch nicht mehr dazu, ihr eine Grimasse zurückzuschicken, denn sein Vater war schon wieder am Bläschen formen: „Sind jetzt alle hier?" fragte er in die Runde. *Was ist denn so wichtig, dass er uns alle zu sich ruft?* fragte sich Marino.

Familie Wassergeist

Ein tiefer Seufzer kam über die Lippen von Papa Wassergeist und erzeugte lange schlangenähnliche Luftblase. Marino war klar: Wenn Papa so anfing, würde er ihnen einen längeren Vortrag halten. Genauso war es dann auch.

„Meine Lieben!" begann der Vater „Ihr wisst ja, dass sich das große Fest des Atlas jährt und wir alle in Atlantis erwartet werden." Seine Frau verdrehte die Augen und lächelte gequält. Auch sie konnte sich schönere Nächte vorstellen als in der versunken Stadt zu weilen, wenn es daheim viel zu erledigen gab. Eine Ausrede musste ihr einfallen, um nicht diesem langweiligen Fest beiwohnen zu müssen. Nur wie sollte sie dies anstellen, ohne den Zorn ihres Mannes zu ernten? Und nicht nur sie, auch ihre Kinder suchten verzweifelt nach einer Ausflucht. Doch Papa Wassergeist nahm ihnen jegliche Hoffnung: „Dieses Jahr bin ich der Zeremonienmeister" verkündete er mit stolzgeschwellter Brust „und darum kommen wir geschlossen als Familie." Er sah mit strengem Blick in die Runde. „Alle! Habt ihr mich verstanden?" Oceanus nickte würdevoll und erhob sich: „Ihr habt gehört was Vater gesagt hat. Ich als Papas Stellvertreter bleibe hier und verteidige unsere Bleibe." Nun mischte sich Aquarina auch noch ein: „Vater hat gesagt wir alle. Solltest du bleiben bleibe ich auch." Plötzlich blubberten alle durcheinander. Jeder wollte sein Veto einlegen, alle wollten alleine zuhause bleiben und das Heim verteidigen und keiner wollte mit.

„RRRRRUHEEEEEE!" wirbelte eine -sehr laute und sehr heftige- Strudelblase alle Argumente weg und es wurde tatsächlich sehr leise. Nur das Rauschen der Wellen konnte man noch hören. „Planton, bitte rege dich nicht so auf" sagte Mutter Wassergeist beschwichtigend, „du weiß doch, dass wir alle hinter dir stehen. Auch wenn jetzt einige keine Lust haben, aber wir kommen alle mit dir. Schließlich bist du das Familienoberhaupt." Bei diesen Worten sah Sirena jedes ihrer Kinder einzeln an. Nun nickten diese einstimmig als hätte keiner jemals etwas anderes gesagt. Alle wussten, dass ihre Mutter keinen Widerspruch duldete. So liebenswürdig und sanftmütig Mama sonst war, aber wenn sie wütend wurde, dann waren Vaters Zorneswirbel im Vergleich dazu sanfte Wellen. Also mussten sie wohl oder übel folgen. Mit aufgeblähter Brust fing Planton erneut an seine Stimme zu heben und erzeugte erst einmal ungewollt zwei Fragezeigenblubberblasen. Die anderen unterdrückten ein Lachen. „Dann sind wir uns ja einig" brummte er gewichtig. „Und damit man meine Herrschaft als Zeremonienmeister nie vergessen wird habe ich mir etwas überlegt." Skeptisch blickten sich seine Kinder an. Marina sprach aus, was alle dachten: „Papa, alles nur nicht singen! Bitte sing nicht, das wird wieder eine Katastrophe und alle lachen uns aus." Zornig sah Planton seine Tochter an und meinte dann beleidigt: „So schlecht war es doch gar nicht. Und Onkel Marius hat sich gefreut." Dabei zog er eine Schnute, um zu signalisieren, dass es nur seine Kinder nicht schätzen könnten. Mit einer energischen Handbewegung schob er die lästigen Bläschen zur Seite, die ihm die Sicht auf seine Kinder verdeckten, und erzählte seinen Plan: „Aquarina, Tides, Oceanus, Marino, Marina und Maren" rief er seine Kinder altersgemäß auf. Die zuckten der Reihe nach bei Erwähnung ihres Namens zusammen. „Ihr werdet ein Gedicht vortragen!" Die Kinder sahen ihn erschrocken an. Gleichzeitig schrien alle Beteiligten los: „Nein, vergiss es, nie und nimmer machen wir uns für dich lächerlich!" Marina ging noch einen Schritt weiter und fügte hinzu: „Du willst uns doch nicht eins deiner Gedichte aufsagen lassen, die du beim Wellen machen erfunden hast? Das kann nur eine riesen Wasserkatastrophe werden!" Entsetzt sahen alle erst Marina und dann Planton an. Diesen hörte man „blobb, blub" machen. Er hatte sich bei den Worten seiner Tochter regelrecht verschluckt und hatte nun einen Schluckauf. *Das kann dauern* dachte sich Marino und verdrehte heimlich die Augen.

Nach ein paar Minuten hatte Papa sich wieder gefangen. Er räusperte sich blubbervoll und fuhr fort: „Ich habe ein Gedicht gefunden, das ist mir regelrecht zugeflossen. Ich habe nur die Reihenfolge verändert und schon klang es schön. Jeder von euch sechs lernt zwei Zeilen. Das ist doch nicht zu viel verlangt." Sirena stutzte: „Ist dir zugeflossen? Was darf ich darunter verstehen?" Er sah sie wissend an und

zog lässig eine Luftblase hervor, in der
ein Stück Papier war. Das Gedicht las er
langsam und betont vor:

„Vom Quell stürzt du als Bach zu Tal,
bist frisch und klar, hast keine Wahl.
Willst das Flussbett schnell erlangen,
musst irgendwie zum Meer gelangen.

Hast es sehr eilig, folgst deinem Ziel,
verbringst auch Zeit mit Wellenspiel.
Fließt durch Wälder und durch Auen,
an dem sich Menschen gern erbauen.

Natur verschlingt dein köstliches Nass,
drum fließe ständig, ohne Unterlass.
Durch dich erwacht das neue Leben,
dann wird`s die Welt auf ewig geben.

Ist das nicht poetisch?"

Diesmal saßen alle mit offenem Mund vor
ihm und konnten nicht glauben was sie
hörten. „Papa! Das ist wunderschön!"
sagte Maren mit glitzernden Bläschen in
den Augen. Auch die anderen waren
begeistert und bliesen die Backen auf,

was so viel bedeutete wie „Kompliment, gut gemacht!". Nur Marino runzelte die Stirn und zog vorsichtig seine Schatzmuschel unter einem Felsvorsprung hervor. Nach längeren wühlen fand er das Büchlein, dass er gesucht hatte. „Papa? Kann es sein, dass das Gedicht ‚Wasser' heißt und von Horst Rehmann ist?" Verlegen sah Planton auf den Meeresgrund, als würde er hier die richtige Antwort finden. „Das meintest du also mit zugeflossen!" rief Sirena, „Du hast es den Menschen gestohlen! Wie kannst du nur?" Nervös sah er seine Frau an, stotternd meinte er nur noch: „Wenn es doch so schön ist. Und nicht alles was die Menschen machen ist schlecht."

Marino meldete sich zu Wort: „Kann ich jetzt gehen? Es ist ja alles geklärt." Mit bettelndem Blick sah er seine Mutter an. „Meinetwegen könnt ihr alle wieder machen was ihr wollt" antwortete diese. Noch bevor ihr Vater etwas sagen konnte waren alle Kinder aus der Höhle

verschwunden. Marino ließ sich Richtung
Gibraltar treiben und fragte sich ob
dieser komische Flattermann schon auf
ihn warten würde.

Neue Freunde

Oskar war wieder zu der Stelle gewatet, wo er dieses seltsame Wesen gefangen hatte, doch er konnte nichts finden. Entweder machte dieser Wassergeist sich einen Spaß daraus, sich suchen zu lassen, oder er war auf nimmer wiedersehen verschwunden. Da die anderen Flamingos aus seiner Kolonie ihn argwöhnisch beobachteten, durfte Oskar ihre Aufmerksamkeit nicht zu sehr auf sich lenken. So stellte er sich auf ein Bein und legte seinen Kopf aufs Gefieder mit Blick auf die Fundstelle. Die anderen sollten denken, dass er ein Nickerchen macht. Schnell hatten sie ihr Interesse an ihm verloren und begaben sich wieder auf Futtersuche.

Oskars Augen wurden immer schwerer. Irgendwann schlief er ein. Er träumte davon, dass ihn jemand rief und mit Wasser anspritzte: „He, Schlafmütze.

Wach auf!" hörte er aus der Ferne und als er seine Augen langsam öffnete sah er Marino, der gerade wieder Wasser nach seinem Schnabel spritzte. „Hör auf! Ich bin ja schon wach" brummelte Oskar noch etwas verschlafen. „Ist auch Zeit geworden" murrte Marino, „wie kann man am Tag nur schlafen?" Verlegen sah Oskar auf das Bein, auf dem er stand, und ließ das zweite langsam ins Wasser gleiten.

„Was wünscht du dir von mir?" wollte Marino ohne große Umschweife von ihm wissen. Doch Oskar wusste nicht so recht, ob er sich wirklich alles wünschen konnte, was er wollte. „Ich weiß nicht was du mir alles erfüllen kannst" gab er ehrlich zu. Marino grinste und machte eine wegwerfende Handbewegung: „Fast alles! Was hast du dir schon immer gewünscht?" Nun war Oskar nicht mehr zu bremsen: „Ich würde so gern andere Länder mit vielen fremden Tieren sehen! Immer wenn andere Vögel hier in den Salinen auf den Weg nach

Süden halt machen, dann belausche ich sie" plapperte Oskar drauf los, „sie erzählen dann von Tieren, die ich nicht kenne und die ich mir auch nicht vorstellen kann. Aber es klingt so total spannend." Marino war überrascht, dass Oskar derartige Sehnsüchte in sich trug. Er hatte angenommen, dass Oskar sich ein Weibchen oder mehr Futter wünschen würde. Aber stattdessen… „Du wünscht dir also ein Abendteuer?" fragte Marino. „Oh ja! Geht das?" wollte Oskar wissen.

Marino sah ihn lange an. So lange, dass Oskar schon Angst hatte, er würde Nein sagen. „Und? Geht das?" flehte Oskar noch einmal. Marino nickte und sagte ihm dann, was er tun musste um diese Reise antreten zu können. Oskar war überrascht und erfreut, dass sein Traum endlich in Erfüllungen gehen sollte. Aufgeregt wiederholte er das gerade gehörte: „Wenn ich dich brauche oder von dort weiter will, muss ich dich rufen." Marino

nickte und sagte ihm den Spruch, den er
dafür gebrauchen sollte:

„Hin und Her fließt das Meer,
so ruf ich den Marino her.
Mi
   Mo
      Marino“

... Mi
    Mo

     Marino wiederholte Oskar stumm in
Gedanken, um sich den Reim auch ganz
fest einzuprägen. „Wann kann es
losgehen?“ wollte er nun wissen. „Wann
immer du willst“ teilte ihm Marino mit.
Etwas unsicher stakste Oskar hin und
her. Plötzlich war er sich nicht mehr
ganz so sicher, ob es so eine gute Idee
war. Dies merkte auch Marino und fragte
ihn, was los ist. „Ich weiß nicht so
Recht wohin ich als erstes will und ob
es vielleicht gefährlich ist“ antwortete
Oskar unsicher. Marino nickte und
überlegte kurz, dann machte er Oskar

einen Vorschlag: „Wie wäre es, wenn du
dir Afrika anschauen würdest? Ich kenne
einen See, da leben auch Flamingos."
Immer wenn Oskar nervös wurde fing er
an, abwechselnd von einem Bein auf das
andere zu stampfen, mit viel Schwung, so
als wolle er etwas zertreten. Unter
seinen Augen bekam er rote Flecken.
Gleichzeitig stotterte er vor Aufregung:
„Oh, oh...ja, ja, w-w-wie sch-schö-
schön."

*In diesem Zustand können wir nicht los.
Er muss sich erst wieder beruhigen,
sonst verliere ich ihn noch*, dachte
Marino. Oskar sprach sich selbst Mut zu
und hoffte, dass Marino nichts gemerkt
hatte. Doch er hatte seinen Körper nicht
mehr unter Kontrolle. Seine Flügel
breiteten sich aus und er stand
abflugbereit da. Wie ein Flugzeug, das
auf seine Passagiere wartet. Die anderen
Flamingos hoben die Köpfe und schauten
neugierig zu Oskar, der dies nicht
einmal bemerkte. „Was machst du da? Alle

starren dich an" flüsterte Marino erschrocken. Schnell legte Oskar seine Flügel wieder an, senkte den Kopf und bewegte seinen Schnabel hektisch hin und her, von links nach rechts und von rechts nach links und hoffte, die anderen würden denken, dass er kleine Krebse fischte. „Also bis morgen früh, dann können wir die große Reise beginnen. Ruhe dich nochmal gut aus." meinte Marino. Und schon war er weg. Oskar ließ er verwirrt zurück. *Warum erst morgen und nicht heute?* fragte sich Oskar. Er würde doch sowieso nicht schlafen können vor lauter Aufregung. Doch da hatte er sich geirrt, wie so oft schon in seinen Leben. Als die Sonne unterging und das Meer in ein Farbenmeer von gelb, orange und rot tauchte, war er schon eingeschlafen. Er träumte von den Abenteuern, die er erleben würde.

Afrika

Verschlafen blinzelte Oskar und wusste nicht so recht, ob es noch die untergehende oder doch schon die aufgehende Sonne war, die ihn blendete. Dann fiel ihm wieder ein Spruch seiner Mutter ein:

Im Osten geht die Sonne auf, im Süden ist ihr Mittagslauf, im Westen wird sie untergehen, im Norden ist sie nie zu sehen.

Also alles ganz einfach. Wenn man jetzt noch wüsste, wo Süden, Osten und Westen ist… *Mal überlegen* dachte er sich, *gestern ging die Sonne links dort auf, also ist da Osten. Und wenn links von mir Osten ist, dann muss Westen rechts von mir sein, weil Westen immer gegenüber von Osten ist. Und wenn rechts von mir Westen ist und die Sonne links von mir, dann ist die Sonne jetzt im Osten, also gegenüber von Westen, also ist jetzt Sonnenaufgang. Ha! Das war doch schlau gedacht!* Dabei hat er sich ständig hin und her gedreht; wenn Oskar „links" dachte, ist er so gehüpft, dass er nach links schaute, und wenn er „rechts" dachte, ist er rechts herum gehüpft. *Wie ein rosaroter Kompass* dachte Oskar, dabei musste er leise kichern.

„Du bist ja bester Laune." hörte er Marino neben sich sagen. Erschrocken blickte Oskar nach unten und murmelte „guten Morgen". Marino erwiderte den Gruß und sagte: „Also, dann pass jetzt gut auf. Du musst nämlich sehr mutig sein, denn was ich von dir verlange, ist nicht üblich für Flamingos." Oskar sah ihn ängstlich an. „Ich wusste, dass es einen Hacken hat" wisperte er. Als Antwort sah ihn Marino nur kurz mit einem verächtlichen Blick an. *Feigling* dachte er sich. Dann veränderte Marino seine Gestalt und so stand innerhalb eines Wimpernschlags ein durchsichtiger

Flamingo aus Wasser neben Oskar. „Ich mache es dir jetzt vor, wie es geht“ sagte er zu Oskar, „ du musst mir nur vertrauen.“ Flamingo Marino sprang hoch, tauchte kopfüber ins Wasser und war verschwunden. Oskar riss entsetzt die Augen auf. *Was will der? Ich soll mich ins Wasser stürzen? Da breche ich mir doch den Schnabel. Nein, nein, nein das mache ich nicht*, dachte er, heftig kopfschüttelnd.

„Du bist dran!“ rief da auch schon Marino neben ihm. Doch Oskar stand wie angewurzelt da und konnte sich nicht bewegen. „Hab keine Angst,“ versuchte Marino ihn zu beruhigen, „ich bin doch bei dir. Es wird dir nichts passieren. Versprochen!“ Oskar war immer noch skeptisch. Wie in Zeitlupe ließ er sich nach vorne fallen. Sein Kopf wurde dabei immer schwerer und schwerer, bis Oskar das Gleichgewicht verlor und kopfüber kippte. Als er ins Wasser eintauchte,

kniff er fest die Augen zu und zitterte
vor Angst.

Kaum war er vom Schnabel bis zu den
Zehenspitzen eingetaucht, spürte er
überraschend festen Boden unter seinen
Beinen. Er öffnete zaghaft die Augen,
erst das eine dann das andere.
Enttäuscht sah er seine Kolonie direkt
vor ihm. Doch irgendwas war anders als
sonst. Bei genauerem Hinsehen bemerkte
er, dass es gar nicht seine Kolonie war,
denn diese Flamingos waren viel kleiner
als er. Verwundert drehte er den Kopf
und erschrak. Er stand mitten in einem
See und am Wasserufer standen die
seltsamsten Tiere, die er je gesehen
hatte, und glotzten ihn an. Graue
Kolosse, gestreifte Esel und ein komisch
geflecktes Tier mit einem Hals bis in
den Himmel, das mit nichts Ähnlichkeit
hatte, das er kannte. Mit großen
Schritten lief er zu seinen Artgenossen.
Dort bin ich sicher dachte er ängstlich.
Mit jedem Schritt, den er näher kam, war

deutlicher zu sehen, wie viel kleiner diese Flamingos waren. Die größten unter ihnen gingen ihm gerade mal bis zu Brust. Oskar fühlte sich auf einmal gar nicht mehr so sicher. Als ihn die anderen entdeckten fingen sie laut zu quasseln an: „Wer bist du? Wo kommst du her? Haben dich noch nie gesehen." Diese Durcheinanderfragerei machte ihn nervös, bis ein etwas älterer Flamingo zu ihm trat und alle anderen verstummten.

„Willkommen in unserer Kolonie. Ich bin Samuto und bin hier einer der ältesten. Wer bist du?" Oskar musste seinen Kopf senken um mit ihm in Augenhöhe zu sein. „Ich bin Oskar und ich komme aus den Salinen auf Sardinien" sagte er etwas unsicher. Neugierig betrachteten ihn die anderen. Dann riefen sie wie auf Kommando: „Willkommen, Oskar!" und lächelten ihn freundlich an. Sie erinnerten Oskar an die Jungtiere in seiner Kolonie, so putzig klein wie sie waren. Schnell war er in ihrer Mitte und wurde ausgefragt. Obwohl er doch selbst jede Menge Fragen hatte, antwortete er ihnen gerne. Als Samuto bemerkte, dass Oskar immer wieder zum nahen Ufer sah fragte er ihn, was ihn denn so beunruhige. „Was sind das für seltsame Wesen?" wollte Oskar wissen. „Welche meinst du?" fragte Samuto zurück, was Oskar verwunderte. Es waren ja wirklich jede Menge seltsame Tiere um sie herum, war Samuto vielleicht kurzsichtig? Alt genug war er ja. „Das große graue, das aussieht als wäre es ein Fels mit vier Beinen und zwei Hörner auf der Nase" flüsterte Oskar, aus Angst, er könnte von dem Tier gehört werden. Vor allem dieses eine furchteinflößende Wesen hatte Oskar die ganze Zeit nicht aus den Augen gelassen und das beunruhigte ihn. „Du meinst sicher Walabi" antwortete Samuto, „Er ist ein Nashorn und tut dir nichts. Auch wenn er gefährlich aussieht, er ist sehr gutmütig. Walabi ist in Gefangenschaft aufgewachsen und

war lange Zeit bei den Menschen. Er ist
sehr neugierig und will alles wissen,
aber er tut keinem Tier etwas zuleide."
Die anderen bestätigten dies mit
heftigem Kopfnicken. So unterhielten sie
sich noch eine Weile. Die ganzen
Eindrücke machten Oskar schläfrig. Er
zog sein Bein an, steckte seinen Kopf
ins Gefieder und schlief ein.

Als er wieder wach wurde hörte er
Marino: „Hee, du Schlafmütze! Wach
endlich auf!" Müde schlug er die Augen
auf und sah Marino wie ein nasses
Handtuch auf der Wasseroberfläche
liegen. Oskar drehte seinen Kopf in
Richtung Ufer, wo der graue Felsen
namens Walabi gestanden hatte. Der war
fort aber die andere Tiere waren noch
da, zum Beispiel die, die wie die Esel
auf Sardinien aussahen, nur weiß mit
schwarzen Streifen. Sie hatten ihren
Kopf zum Trinken gesenkt und glotzten
Oskar dabei an. „Die Esel hier sehen
aber seltsam aus" kicherte Oskar. Marino

sah sich um und meinte dann: „Das sind keine Esel sondern Zebras." In diesen Moment kam Oskar sich dumm vor, weil er keines dieser Tiere kannte. Marino, diese Wasserpfütze, wusste so vieles und er nichts. Beschämt sah er auf die Wasseroberfläche und sagte nichts mehr. „Wollen wir wieder zurück zu deiner Kolonie?" riss ihn Marino aus den Gedanken.

„Wie, wo, was weiter?" stotterte er. Marino sah ihn überrascht an. „Soll das heißen, du willst noch länger hier bleiben?" „Wenn das gehen würde, dann sehr gerne" meinte Oskar zaghaft. Marino machte eine Bewegung, die wohl ein Schulterzucken war. Nur dass Wassergeister keine Schultern haben. „Klar geht das" stimmte Marino zu, „aber ich bleibe nicht hier. Wenn du weiter willst, dann ruf mich einfach mit dem Spruch, den ich dir gesagt habe." Und wie immer war er sofort verschwunden ohne eine Antwort abzuwarten.

Langsam ging Oskar zu seinen neuen Freunden und siebte dabei das Wasser nach Fressbarem durch. Als er nach einer Weile aufsah, war ein Flamingoweibchen neben ihm, dass ihn ansprach: „Ich bin Sollara. Ich kann dir helfen, wenn du Fragen hast." Oskar wurde verlegen. Dass er von fremden Weibchen angesprochen wurde, war er nicht gewohnt. Zuhause gingen ihm sogar seine Schwestern aus dem weg. Noch während er überlegte, was er sie kluges fragen könnte um nicht dumm zu klingen, plaperte sein Schnabel schon los: „Wie heißt dieser See und wo sind wir hier?" Sollara schmunzelte und antwortete: „Das hier ist der Nukurusee im Nationalpark von Kenia. Das ist mitten in Afrika." *Park? Etwa Tierpark?* Erschrocken schluckte Oskar: „Wir sind in einem Zoo?" „Nein, nein, das ist kein Zoo" beruhigte ihn Sollara. „Das ist ein Gebiet, dass geschützt ist, wo die Menschen uns in Ruhe leben lassen." Erleichtert atmete Oskar tief aus.

„Kannst du mir etwas über die Tiere erzählen? Was sind das für seltsame Geschöpfe mit dem langen Hals und den komischen Flecken?" Sollara musste kichern, aber sie klärte ihn auf: „Das sind Giraffen. Mit dem langen Hals können sie ganz bequem die Blätter von den Bäumen fressen." *Ganz schön schlau* dachte Oskar, *Gras fressen alle aber an die Blätter kommen nur die Langhälse.* Neugierig fragte er weiter: „Die da drüben, die uns so stumpfsinnig anschauen, die mich an Kühe erinnern, nur dass die Hörner nach oben gebogen sind und sich fast berühren. Wie nennt man die?" Sollara wusste sofort wen Oskar meinte: „Das sind afrikanische Büffel, die sind neugierig und wissen nicht so Recht was sie von dir halten sollen." Dann drehte sie sich um und deutete mit dem Schnabel in die andere Richtung: „Da drüben solltest du nicht zu nah ans Ufer gehen, da leben die Paviane. Sie stellen viel Blödsinn an und würden dir sicherlich einige Federn ausreisen, wenn sie dich erwischen." Erschrocken sah Oskar ans andere Ufer, wo gerade ein Rudel spielte. *Dabei sehen die doch ganz harmlos* aus dachte Oskar, *eigentlich wie ein grauer Hund mit Händen auch an den Füssen.* Ihre Kinder kletterten auf den Rücken ihrer Mama oder hingen an ihrem Bauch. Ab und zu gab es ein großes Geschrei und alle liefen hinter einem anderen Artgenossen her. Sollara räusperte sich kurz und sprach dann warnende Worte: „ Siehst du dort unter den Bäumen diese Tüpfelhyänen? Sie sind sehr gefährlich, sie haben schon viele von uns gefressen." Sofort ging Oskar ein paar Schritte tiefer in den See und ließ diese hässlichen Hunde nicht aus den Augen. Es waren sehr große Hunde und eigentlich auch keine richtigen Hunde, hinten die Beine zu kurz und der Rücken viel zu lang. Ihre großen Ohren saßen nicht wie bei Hunden oben am Kopf sondern seitlich. Und das Maul war riesig. Wenn sie jaulten, dann klang es als würden sie lachen.

„Wo wir schon bei den gefährlichen Tieren sind: Nimm dich in Acht vor den Löwen! Die kommen nachts immer zum Trinken an den See und holen sich als Nachspeise einen von uns" erzählte Sollara weiter. Oskar überlegte, wie wohl ein Löwe aussehen könnte. Da hörte er auch schon ein lautes Brüllen. Oskar schauderte. „Da ist einer" flüsterte Sollara. Irgendwas bewegte sich im Gebüsch. Als Oskar die kleine Miezekatze sah dachte er, Sollara hätte ihn auf den Arm genommen. Dieses kleine bräunliche Kätzchen mit den niedlichen Tupfen war kaum größer als die Straßenkatzen auf Sardinien. Das konnte ihm doch nicht gefährlich werden. Er lächelte und wollte gerade etwas sagen, da kam eine hellbraune Riesenkatze zu dem Kätzchen gelaufen, packte es am Nacken und trug es zu einem der großen Bäume. *Das muss die Mama sein und das kleine ist das Baby* begriff Oskar und schluckte. Die Mama war bestimmt so groß wie ein Pony. Jetzt war ihm klar: das war kein Scherz von Sollara. *Auf was man hier alles achten muss,* wurde Oskar erst jetzt so richtig bewusst, sonst *wird man überall gefressen.* Wie friedlich und ruhig doch sein Leben zuhause war.

Sollara merkte, wie mulmig Oskar zu Mute war. Sie stupste ihn kurz an und lächelte verlegen: „Da drüben sind Pelikane, willst du die auch sehen?" Oskar stimmte zu und so stöckelten sie auf eine kleine Kolonie zu. Einer klapperte mit seinen eigenartigen Schnabel und begrüße Sollara: „Hallo meine Hübsche. Ist das dein Freund? Da haste dir aber einen richtigen langen Lulatsch ausgesucht." Augenblicklich bekam sie rote Fleckchen auf der Wange. Oskar musste lächeln, denn die bekam er auch immer, wenn er verlegen war. Noch bevor einer von ihnen antworten konnte,

klapperte der komische Vogel schon
weiter: „Ich bin der Berti und bin solo.
Jetzt hast du mir doch glatt mein
Püppchen weggeschnappt." Dabei versuchte
er zu zwinkern, was aber eher aussah als
wäre er leicht betrunken und würde nicht
nur mit dem Auge sondern mit dem ganzen
Kopf zwinkern. „ Geh Berti, lass das
junge Paar doch in Ruhe flirten" rief
von weiter hinten das nächste Großmaul.
Wenn Oskar es sich recht überlegte,
erinnerten ihn die Pelikane an übergroße
weiße Gänse mit einem riesigen Schnabel.
Wenn sie diesen öffneten, hing vom
Schnabel bis zum Hals so eine Art Sack
herab, in den locker ein Barsch passen
würde. Berti lachte und gesellte sich
wieder zu den anderen.

Sollara verließ schnellen Schrittes den
Badeplatz der Pelikane und zeigte Oskar
ein paar Schweine, die am Ufer mit
hocherhobenem Schwanz herum liefen. Ihre
Schwänze sahen aus wie große Antennen.
„Das sind Warzenschweine" erklärte ihm

seine Begleiterin. „Schau mal! Die Sonne
geht gleich unter. Wir sollten zurück zu
den anderen, denn nur in der Gruppe sind
wir in Sicherheit." Schon stöckelte sie
los. Oskar war die Nacht in diesem Land
viel zu gefährlich. Er wollte hier so
schnell wie möglich weg. Also steckte er
den Schnabel ins Wasser und sprach:

„Hin und Her fließt das Meer,
so ruf ich den Marino her.
Mi
    Mo
        Marino"

Kaum hatte er die letzte Silbe
gesprochen war Marino auch schon da und
begrüßte ihn: „Hey mein Freund, wo soll
es denn hingehen?" Oskar überlegte nicht
lang und sagte: „Irgendwohin, wo die
Sonne jetzt aufgeht."

„In Ordnung, dann folge mir" meinte
Marino kurz und knapp. Noch bevor die
letzten Sonnenstrahlen vergingen war
Oskar auch schon wieder weg.

Bolivien

Auch wenn Oskar durchs Wasser reiste, so wurde er trotzdem nicht nass. Warum, das so war, war ihm ein Rätsel. Nachsehen wollte er aber nicht. Im Gegenteil, ganz fest hielt Oskar seine Augen verschlossen. Von seiner Reise quer durch die Ozeane wollte er nichts wissen. Viel zu viel Angst hatte er, dass er etwas fürchterlich Gefährliches sehen könnte, also ließ er es einfach geschehen.

Als er wieder Wärme auf seinem Gefieder spürte, öffnete er zaghaft die Augen. Tatsächlich kam die Sonne gerade über die Berge und färbte den See in ein magisches rot-orange. Diesen Augenblick wollte er einfach nur genießen. So stand er einfach da und sah zu, wie die Sonne über den Horizont kletterte. In der Ferne sah er langbeinige Vögel im Wasser stehen, die ihn noch nicht bemerkt

hatten. Er konnte noch nicht erkennen,
um welche Art es sich handelte. Wenn er
ganz viel Glück hatte, dann würden es
auch Flamingos sein.

Mit vorsichtigen, langen Schritten
näherte er sich den Vögeln. Und
tatsächlich: Es waren Flamingos. Ihr
Schnabel war allerdings kürzer als
seiner und hatte nicht wie bei ihm die
typische Rosa Färbung, sondern war
leuchtend gelb. Was ihn wunderte, waren
die Geräusche, die sie machten, während
sie auf Futtersuche ihren Schnabel im
seichten Wasser hin und her bewegten.
Bei seiner Kolonie hörte man nur ein
Klappern, aber hier klang es nach
„meins, meins".

Einer der Flamingos hatte ihn bemerkt
und kam auf ihn zu geschritten. Er
spreizte seine Flügel zum Gruß und fing
an zu quasseln: „Caramba! Hombre, was
bist du denn für ein komische Vogell?"
Neugierig legte er den Kopf schief und

musterte Oskar von oben bis unten. „was ist passiert mit deinem Schnabel?“ Soooooo lang! Und die Farbe, komisch, komisch“.

Verwirrt schüttelte Oskar den Kopf. „Selber komischer Schnabel. Ich heiße Oskar und komme aus Sardinien, wo alle so aussehen wie ich.“ „Oskarr aus Sardinien!“ Der seltsame Flamingo klapperte aufgeregt mit dem Schnabel, dann stutzte er. „Wo ist denn das?“ Noch bevor Oskar antworten konnte, plapperte der andere Flamingo weiter: „Egal. Ich bin Pablo.“ Oskar nickte kurz mit den Kopf und erkundigte sich nach seinen Standort: „Wo bin ich hier?“ Pablo sah ihn verwirrt an, als hätte er gesagt, dass er vom Geheimdienst sei. „Willst du sagen, du nicht wissen wo du bist? Bist du ein Spiooon?“ Oskar überlegte, ob er das von dem Geheimdienst laut ausgesprochen hat, doch er war sich sicher, dass er es sich nur gedacht hatte. Er lachte laut auf: „Nein, nein, ich bin auf Wanderschaft und habe wohl die Orientierung verloren." „Achsooo... das hier ist die weltberüühmte ...Laguna ...Colorada." sagte er mit stolz geschwellter Brust und deutete bei jedem Wort mit seinen Schnabel über den See, der immer noch rot gefärbt war, obwohl die Sonne schon aufgegangen war. Kurz musste Oskar an Haribo denken, die einer Gummimischung den Namen Colorado gegeben hatten. Doch damit hatte das hier wohl nichts zu tun.

Pablo kam ganz dicht heran, legte seinen Kopf an Oskars und raunte verschwörerisch: „Hombre, bist du wegen dem Schatz hierrr?" Oskar sah ihn verwirrt an. Pablo ging ein Licht auf: „Aaaah so! Du weißt nix von Schatz, eh? Willst du uns helfen zu finden? Ist unsere grroße Aufgabe und du darfst niemand davon erzählen. Musst du wissen ist unser grroße Geheimnis." Nun wurde Oskar neugierig. Ein richtiger Schatz! Was konnte das sein? Eine riesige Kiste voll Sardinen? Säcke voll Muscheln? Aufgeregt fragte er: „Was für ein Schatz ist das denn?" Pablo blickte verwirrt drein. Er legte den Kopf schief und blinzelte. Einmal, Pause, zweimal. Dann antwortete er: „Das weiß keiner genau. Ist ein großer Geheimschatz. Aber wir suchen schon lange. Sehr lange. Mein Opa hat schon gesucht. Muss sehr wertvoll sein, sonst würden nicht alle suchen, eh? Aber pssst...nix verraten!" Die ganze Sache wurde Oskar langsam unheimlich. Er fragte sich, ob das von diesem eigenartig roten Wasser kommt, dass Pablo so verwirrt ist. Er ließ seinen Blick über das Land schweifen. Einige große Berge, die die Farbe von braunem Schlamm hatten, aber keine Pflanzen beheimaten. Der See war durch und durch rot und hatte viele große schneeweiße Salzinseln. Am Ufer befanden sich ein paar vergilbte Grasbüschel, an denen Tiere fraßen, die ihn entfernt an Rehe mit dichtem Fell erinnerten, allerdings mit längerem Hals und einem Schafskopf.

„Sind die gefährlich für uns Flamingos?" wollte Oskar nun wissen, wobei er mit seinen Schnabel auf die Tiere deutete. Pablo fing augenblicklich zu lachen an: „hi,hi,hi gefäärrlich, ayayay... das sind Vikunja, eine Art Lamas, und fressen nur Gemüse. Sooooo gefährlich! Hi, hi, hi...! Kennst du Lamas?" „Nein" sagte Oskar, es war ihm aber auch egal. *Gemüsefresser.* Erleichtert schnaufte Oskar tief durch. „Und sonst? Gibt es gefährliche Tiere hier?" „Was meinst du mit gefährlich? Welche die unseren Schatz wollen?" Pablo kniff die Augen zusammen und sah sich misstrauisch um. Mit einen Mal fühlte sich Oskar als wäre er unter Verrückte geraten. *Seltsame Typen* dachte er sich. Vermutlich half ihnen die Suche nach einem Schatz dabei, ihr langweiliges Leben besser zu meistern. Oder war es die komische Farbe

in diesem See, die einen mit der Zeit
benebelte?

„Hombre!" rief Pablo plötzlich, „Komm
mit, dann stelle ich dich meine Kumpel
vor. Die freuen sich eine weitere Hilfe
zu haben. Mit deinem großen Schnabel
kannst du viel besser nach unseren
Schatz suchen. Aber die Schatz ist
unserer, du musst teilen mit uns." Oskar
sah Pablo lange an. *Ich will aber keinen
Schatz suchen. Wenn ich helfe, den
Schatz zu suchen, dann werde ich
bestimmt genauso verrückt wie sie* dachte
er und sagte dann: „Pablo, weißt du, du
bist sehr nett aber ich will noch weiter
fliegen und mir die Welt ansehen." Und
damit der arme Pablo nicht traurig war,
flunkerte er noch: „Irgendwann komme ich
sicherlich vorbei und helfe euch beim
Suchen." Pablo strahle ihn an und
meinte: „Buoeno! Wir freuen uns auf
dich, wenn du zurückkommst, Amigo." Er
schritt auf Oskar zu und umarmte ihn mit
seinen Hals. „Aber eins musst du mir

versprechen! Du passt gut auf dich auf, denn deine Reise ist gefährlich. Und kein Wort zu anderen, wegen unseren Schatz!"

Peinlich berührt nickte Oskar nur. Pablo schritt mit hängendem Kopf zurück zu den anderen, ohne sich nochmal umzudrehen. Oskar senkte den Kopf zum Wasser und sagte sein Sprüchlein auf:

„Hin und Her fließt das Meer,
so ruf ich den Marino her.
Mi
   Mo
      Marino"

Kaum hatte sich der Wasserspiegel zu einem runden Tunnel geöffnet, ließ er sich hineinfallen, ohne auf Marino zu warten. Er wollte hier nur weg und hoffte, dass Marino ihn an einen schönen Ort bringen würde.

Norwegen

Marino hatte nicht lange überlegt und brachte ihn an einen Fjord in Norwegen. Dort gab es zwar keine Flamingos, aber die brauchte Oskar auch nicht, um sich die Landschaft und die anderen Tiere anzusehen.

Kaum wieder aufgetaucht, plapperte Oskar aufgeregt auf Marino ein: „Mann, das waren vielleicht komische Vögel. Ja, ja, ich weiß, das waren auch welche von meinen Artgenossen, aber dieser Pablo redete immer von einem Schatz in diesen See. Den Seeräuber dort versteckt haben." Marino fing zu Lachen an. Erst als er sich beruhigt hatte, sagte er: „In dem See gibt es nur kupferhaltige Mineralien und Rotalgen. Das kannst du mir glauben."

Nun sah sich Oskar zum ersten Mal um und entdeckte eine grüne Landschaft mit Wasserfällen, die direkt von den hohen

Bergen ins Meer stürzten. So viel Grün
hatte er schon lange nicht mehr gesehen.
„Ich muss zurück zu meiner Familie"
sagte Marino, „Aber wenn du hier wieder
weg willst, weißt du ja was du tun
musst." Wieder wartete er keine Antwort
ab sondern war augenblicklich
verschwunden.

Erst jetzt merkte Oskar, dass das Wasser
in diesen See kühler war als er es je
erlebt hatte. Es war glasklar, so dass
er seine Füße sehen konnte. Er sah sich
aufmerksam um und entdeckte auf einem
kleinen Felsen direkt neben sich einen
lustigen kleinen Vogel. Dieser fixierte
ihn ohne etwas zu sagen. So einen
putzigen kleinen Kerl hatte Oskar noch
nie gesehen. Mit seinem weißen Bauch und
dem schwarzen Rücken und Flügeln sah er
sehr vornehm aus, als würde er gleich
ein Orchester dirigieren. Wie nannte man
gleich wieder so ein Kleidungsstück? Ach
ja, es war ein Frack. Unten aus dem
Frack guckten kurze, orange Beinchen mit

Watschelfüßen. Das Besondere an diesem kleinen Kerlchen aber war sein lustiges Gesicht. Um sein Auge, das übrigens orange mit brauner Iris war, hatte er einen ovalen großen weißen Fleck. Sein dreieckiger Schnabel war ebenfalls orange mit grauen schmalen Streifen.

„Was glotzt du mich denn die ganze Zeit so an?" fragte der kleine Vogel. „Ich habe noch nie so einen wie dich gesehen" gestand Oskar. Auf einmal watschelte der komische Vogel auf Oskar zu und meinte dann: „Ich habe so einen seltsamen Vogel wie dich auch noch nie gesehen, aber trotzdem glotze ich dich nicht so unverschämt an." Oskar senkte seinen Blick und sagte verschämt: „Entschuldigung. Ich heiße Oskar und bin ein Flamingo. Eigentlich lebe ich in Sardinien." Ganz aufrecht, als hätte er einen Stock im Rücken, watschelte der andere auf seinem Felsen hin und her und überlegte wohl, was er sagen sollte. „Was heißt eigentlich?" schnauzte er

Oskar an. „I-ich b-b-bin auf Wanderschaft den Sommer über" stotterte nun Oskar. Der scharfe Kasernenton des kleinen Watschlers verängstigte ihn ein wenig. „Willst du mir erzählen, dass du ein Zugvogel bist?" fragte der Frackträgers misstrauisch, „Die bleiben doch im Sommer in ihren Revier und fliegen erst im Herbst in die wärmeren Gegenden." Nun reichte es Oskar mit dem vorlauten kleinen Kerl. Und so sagte er giftig: „Soll das ein Verhör werden, oder was?"

„Oh, nein! Oh nein! ich meinte ja nur." piepte der Kleine schnell. „Ich bin Gunnar und bin ein Papageientaucher, lebe mit meiner Kolonie hier in Norwegen" fügte er noch schnell hinzu. Damit war Oskar zufrieden und sah sich weiter um. Ein großes buckeliges Tier stand Knietief im See und glotzte zu ihnen herüber. Oskar überlegte, ob das Tier der große Bruder von dem Lama sein könnte. Doch er verwarf den Gedanken, denn das Tier hatte auch noch seltsame Schaufeln auf seinem Kopf und an seinem Hals hing ein komischer Bart.

Gunnar folgte Oskars fragenden Blick und klärte ihn auf: „Das ist Sir Henry, der Elchbulle, der hier am Seeufer lebt. Der tut uns nichts, der will nur seine Ruhe haben." Nun wollte es Oskar genau wissen: „Gibt es hier auch gefährliche Tiere?" „Gefährlich? Oh ja, oh ja!" schnatterte Gunnar los. „Siehst du da hinten die Luxe? Die fressen uns, wenn sie uns kriegen." Oskar kniff die Augen zusammen um sie besser sehen zu können. Dann entdeckte er zwei gefleckte Kätzchen, die es in Sardinien auch gab, aber die konnten einen Flamingo natürlich nicht gefährlich werden. Diesem kleinen Gunnar natürlich schon. „Die können mir nicht gefährlich werden" sagte Oskar voller Überzeugung. „Die nicht" stimmte Gunnar zu, „das sind ja auch nur die Babys." Oskar musste schlagartig an das Löwenbaby denken, das

war auch nur ein klein wenig größer als
diese beiden hier. Dann mussten die
Erwachsenen dementsprechend groß sein.
Geradezu riesig für eine Katze.
Schneller als erwartet sah er dann auch
schon die Mutter antrotten. Aus ihrem
Maul hing etwas, das aussah wie ein
Kaninchen. Die Mutter legte das tote
Tier auf den Boden und jaulte einmal
auf. Die zwei Kleinen kamen angelaufen
und fingen an, das Kaninchen zu
zerlegen. Die Mutter saß sich auf ihren
Hinterbeinen und schaute ihnen dabei zu.
Sie erinnerte ihn an eine Riesenkatze
mit gefleckten Fell und einem lustigen
Stummelschwänzchen mit schwarzem Ende.
Die Ohren waren spitz und hatten oben
jeweils ein schwarzes Pinselchen.
Eigentlich sah der Lux süß aus, aber das
war er ganz und gar nicht. Er konnte in
der Tat sehr gefährlich werden. Als die
Lux Mama gähnte, konnte Oskar die sehr
spitzen und sehr langen Reißzähne sehen.

Sir Henry war mittlerweile aus dem Wasser gestiegen und trottete auf den Berghang zu. *Ob er wohl Angst vor diesem Lux hat?* fragte sich Oskar. Da landete neben Gunnar plötzlich ein weiterer Papageientaucher. „Tach, Tach, Tach...Gunnar wo bleibst du denn?" quasselte der Vogel gleich los. „Oh, entschuldige!" sagte Gunnar mit gesenktem Kopf. „Du hast versprochen, dass du auf die Kleinen aufpasst, während ich auf Futtersuche gehe" schimpfte der andere Vogel weiter. Oskar kam sich fehl am Platz vor und wollte gerade gehen als Gunnar sagte: „Darf ich vorstellen? Meine Frau Lykke. Und das ist Oskar der Flamingo." Beide nickten sich wortlos zu, dann sah Lykke wieder ungeduldig zu Gunnar. „Alles Gute für dich, ich muss nun Kinder hüten. Man sieht sich." Mit diesen Worten machte sich Gunnar davon und flog einem Felsenmassiv entgegen. Seine Frau hingegen flog erst ein wenig über den

See und schoss urplötzlich wie ein Pfeil ins Wasser, um kurze Zeit später mit dem Schnabel voller kleiner Fischchen wieder aufzutauchen.

Wieder stand Oskar alleine da und sprach die magischen Worte:

„Hin und Her fließt das Meer,
so ruf ich den Marino her.
Mi
   Mo
      Marino"

Kaum ausgesprochen tauchte Marino auch schon auf und fragte Oskar überrascht: „Schon den Schnabel voll?" Oskar nickte nur. Sogleich öffnete Marino mit einer kurzen Bewegung die Wasseroberfläche und Oskar tauchte ein. *Wo wird er mich diesmal hin bringen?* Fragte er sich noch als er auch schon seltsame Geräusche hörte.

Indien

Was er am anderen Ufer sah verschlug ihm erstmal die Sprache. Ungläubig starrte er diesen riesigen grauen Berg an, der im Fluss stand und mit einen seltsamen Schlauch in seinem Gesicht Wasser über seinen Rücken spritzte. Dabei gab er einen Laut von sich, den Oskar noch nie gehört hatte. „Tröööööö, Tröööö!" Durch den Lärm den, der Berg erzeugte, hatte Oskar überhört, dass jemand neben ihm im seichten Wasser gelandet war. „Heee, du da! Wie ist dein Name? Ich kenne dich gar nicht." Oskar drehte seinen Kopf. Neben ihm stand ein Vogel, der Oskar an einen Storch erinnerte, nur hatte dieser hier einen orangen Kopf und einen gelben Schnabel. *Der ist sicherlich mit den Störchen verwandt*, dachte sich Oskar. „Ich bin Oskar, der Flamingo, und komme aus Sardinien" antwortete er.
„Sardinien, wo ist das denn?" wollte der Storchenverwandte wissen. „Das ist eine

Insel im Mittelmeer und gehört zu Italien" klärte Oskar ihn auf. „Aha! Ich bin Indira, der Buntstorch" stellte sie sich ihm vor. *Ha! Also doch ein Storch* freute sich Oskar und wunderte sich nur ein klein wenig, dass es auch bunte Störche gab.

Plötzlich erschrak Oskar und ging einen Schritt zurück. Er hatte neben dem lebenden grauen Felsen einen Menschen gesehen, der immer wieder „Kiran, Kiran!" rief. Indira hatte wohl Oskars Schreck gemerkt und lächelte ein wenig. „Das ist Kiran, der Elefantenbulle, und der Mensch da ist sein Herr." Dabei klapperte Indira mit dem Schnabel und fügte hinzu: „Hier in Indien haben alle Tiere einen Namen. Viele werden von den Menschen als heilig verehrt." Unsicher fragte Oskar: „Was heißt das? Als heilig verehrt?" Indira unterbrach ihr klappern und erklärte Oskar was er wissen wollte: „Heilige Tiere sind in Indien normal. Fast alle Tiere werden von den Indern verehrt. Sie werden beschützt und man sorgt für sie." Das klang für Oskar als sei er im Paradies. „Werden Flamingos auch als heilig verehrt?" Indira schüttelte den Kopf und zählte die heiligen Tiere auf: „Der Elefant, die Kuh, der Tiger, der Pfau, die Schlange, der Affe und die Ratte sind heilig." Oskar sah sie traurig an und meinte dann: „Von den Tieren kenne ich den Tiger, den Affen und den Pfau nicht, alle anderen habe ich schon mal gesehen oder gerade kennengelernt." Indira warnte ihn vor dem Tiger. Er würde jeden Abend hier herum schleichen. „Shankar heißt er und ist sehr gefährlich. Er hat schon viele meiner Freunde und Verwandten gefressen." Oskar schüttelte sich. „Und der Pfau?" fragte er vorsichtig. „Den eingebildeten Kamal kannst du drüben sehen" antwortete Indira. Mit dem Kopf deutete sie hinter sich.

Dort stand ein Vogel der aussah wie ein Hahn, nur in einem wunderschönen smaragdblau. Statt eines Kamms am Kopf hatte er eine Federkrone. Seine Schwanzfedern sahen aus wie eine leuchtende Schleppe. Er stolzierte auf und ab und als er merkte, dass Oskar ihn beobachtete, öffnete er seine Schwanzfedern zu einem Halbkreis, der die einzelnen Federn aussehen ließ als würden einen tausend Paar Augen ansehen. „So einen schönen Vogel habe ich noch nie gesehen" gab Oskar staunend zu. „Gaff ihn nicht so an! Sonst wird er noch eingebildeter. Bis gerade eben hat er dich noch ignoriert, weil er neidisch auf dich war." Ungläubig sah Oskar Indira an und fragte: „Das ist nicht dein Ernst, oder? Ich bin doch nur einer unter Millionen und es gibt uns in vielen verschieden Rassen. Wir sind nichts Besonderes." Nun lächelte Indira: „Du kennst so viele, aber bei uns war hier noch keiner wie du. Dein leuchtendes rosa strahlt zwischen den ganzen hier üblichen grünen und braunen Farben heraus, so dass du sofort auffällst." So hatte das Oskar noch gar nicht gesehen. Sie hatte Recht: Er war der einzige, der Rottöne in seinem Federkleid hatte. Nun wurde Oskar übermütig und zeigte den Pfau die Zunge: „Bätsch, ich bin doch schöner als du." Indira lachte so laut, dass ihr Schnabel laut klapperte und alle zu ihnen sahen. Selbst der Elefant hörte auf, sich das Wasser über den Rücken zu spritzen. Mitten in der Bewegung war er erstarrt und glotze jetzt neugierig zu ihnen hinüber. Es kamen Menschen ans Ufer die ihn beäugten und mit komischen schwarzen Kästen anvisierten. Oskar war erstarrt. Er bewegte sich nicht einen Millimeter, selbst das Schlucken versuchte er zu unterdrücken. Indira war ebenfalls zur Salzsäule erstarrt und rührte sich nicht mehr. Aus dem Augenwinkel sah er, wie ein komisches Wesen ans Ufer lief und seltsame Bewegungen mit seinen viel zu langen Armen machte. Oskar drehte vorsichtig den Kopf. Das musste ein Pavian sein, aber mit rötlichem Fell, das ihm wild in alle Himmelsrichtungen abstand. Es hatte ein freundliches Gesicht und seine Augen strahlten Güte aus. Indira klärte ihn auf: „Das ist Uma, das Orang-Utan Mädchen. Sie ist bei den Menschen aufgewachsen und ist eine ganz liebe." Oskar staunte: „Sie ist kein Pavian?" „Sie gehört auch zu der Familie der Affen" verbesserte sie ihn. Oskar wusste nun, dass er also schon einmal einen Affen gesehen hatte und nun wieder einen sah. Nun aber einen, der den Menschen viel ähnlicher sah als die Paviane, die meist auf allen vieren liefen. Diese Uma aber ging auf zwei Beinen und benutzte ihre Hände um etwas zu tragen.

Indien gefiel Oskar sehr gut, die Tiere waren freundlich und es gab keinen Streit. Irgendwie spürte Oskar den

Frieden um sich herum und er wurde müde. So zog er sein linkes Bein an und schlief ein. Er träumte davon, wie er auf einen Elefanten stand und Uma ihn über die Federn streichelte. Leise hörte er sie sagen: „Aufwachen, aufwachen." Widerwillig öffnete er die Augen und bemerkte als erstes, dass die Sonne bereits unterging und er immer noch dastand wo er eingeschlafen ist. Indira flüsterte: „Sei leise, Shankar schlecht am Ufer umher und sucht nach Beute." *Der Tiger?* Sofort war Oskar hellwach. Ganz vorsichtig und leise stellte er sein linkes Bein wieder ins Wasser um im Notfall fliehen zu können. Dann sah er sich um und entdeckte tatsächlich eine gestreifte riesige Katze am Ufer auf und ab schleichen. Shankar schien sich nicht sicher zu sein, ob er ins Wasser sollte oder nicht. Oskar spürte sein Herz bis zum Hals schlagen. Stumm und starr stand er da und konnte sich vor lauter Angst keinen Millimeter bewegen. Ihm flogen die Erinnerungen nur so zu. Die Katzen in Sardinien sind klein, fressen nur Mäuse und außerdem sind sie wasserscheu. Die Löwen in Afrika sind genauso riesig wie dieser Tiger und fressen große Tiere aber sie sind auch wasserscheu. Dieser Tiger frisst auch große Tiere. Aber er ist genauso eine Katze wie die anderen, also ist er sicher auch genauso wasserscheu. Somit war er hier im Wasser sicher, schlussfolgerte er. Erleichtert flüsterte er Indira zu: „Im Wasser sind wir von ihm sicher. Er traut sich nicht zu uns." Indira sah Oskar an als hätte er den Verstand verloren und fragte: „Wie kommst du darauf?" „Na, weil Katzen sind doch wasserscheu" erwiderte Oskar beinahe schon übermütig. Indira verdrehte die Augen. „"Katzen? Ja, vielleicht. Aber nicht Shankar" klärte sie ihn auf. „Nein, Tiger sind nicht wasserscheu, ganz im Gegenteil. Momentan sieht er sich nur um, ob er vielleicht noch eine größere Beute findet. Falls nicht, dann wird er zu uns ins Wasser kommen. Deshalb dürfen wir ihn nicht aus den Augen verlieren." Oskar fuhr der Schreck so sehr in die Glieder, dass seine Beine zitterten. *Ich will nicht gefressen werden* dachte Oskar, *nur schnell weg hier!* Aufgeregt haspelte er sein Sprüchlein runter.

„Hin und Her fließt das Meer,
so ruf ich denn Marina her.
Mi
   Ma
      Marina"

Vor lauter Angst merkte er gar nicht, dass er sich verplappert hatte. Vor ihm öffnete sich der Fluss und der Wassergeist sah ihn überrascht an.

Marina war mal wieder ausgebüchst und spielte Seepferdchen haschen, als sie den Ruf hörte. Sofort wurde sie von einem unwiderstehlichen Sog erfasst und tauchte keine zwei Blubberblasen später mit einem leisen „Platsch" in einem sehr warmen Fluss auf. Direkt vor sich sah sie das verschreckte Gesicht eines Flamingos. „Was ist los? Warum rufst du mich?" fragte sie ihn verwundert. Doch kaum hatte sie dies ausgesprochen, wurde Marina auch schon klar, wen sie da vor sich hatte: *Das ist bestimmt der neue Freund von Marino* dachte sie sich. Dieser stammelte aufgeregt drauf los: „Bring mich hier ganz schnell weg! Bitte schnell, bitte schnell! Irgendwohin wo ich sicher bin. Schnell, bitte bitte." *Soso, schnell irgendwohin? Na das lässt sich machen,* grinste Marina in sich hinein. *Das wird ein Spaß!* „Na dann mal los" sagte sie. Oskar warf nochmal einen Blick auf den Tiger, der gerade mit einem riesen Satz in den Fluss gesprungen war. Dann kniff er die Augen zu und ließ sich fallen.

Antarktis

Das erste was er bemerkte war, dass es eiskalt war. Sein Schnabel klapperte genauso schnell wie der von Indira immer klapperte. Mindestens. Und mindestens doppelt so laut. *Bin ich tot?* fragte sich Oskar und traute sich kaum, die Augen zu öffnen. Doch diese lauten trompetenartigen Rufe klangen sehr lebendig: „Eindringling! Eindringling! Eindringling...“ Vorsichtig riskierte er einen Blick mit dem linken Auge (das rechte hielt er immer noch fest zugekniffen) und erschrak.

Alles um ihn herum war weiß. Vor ihm standen unzählige große Vögel, alle in schwarzem Frack mit weißer Brust. *Das sind bestimmt Verwandte von Gunnar, dem Papageientaucher*, dachte sich Oskar. Nur ihre Größe machte ihm Angst: Gunnar war so groß wie eine Taube gewesen, seine Frau sogar noch ein oder zwei Zentimeter kleiner. Diese hier aber waren genauso groß wie Oskar selbst und konnten ihm direkt in die Augen sehen. Ihr Schnabel sah auch gar nicht so lustig aus wie der von Gunnar sondern viel gefährlicher, lang und ganz spitz. Einer kam aus der schreienden Menge auf Oskar zugewatschelt und verpasste ihm ohne Vorwarnung einen Hieb. „Aua! Heee, was soll das?" Rief Oskar und rieb sich die Seite. Der Schlägertyp fuhr in an: „Was willst du komischer Vogel hier bei uns?" Dann kam der nächste Schlag mit dem Flügel. „AUA! Lass das!" jammerte Oskar. Der Schlag war ziemlich fest und der Flügel ziemlich hart. Überhaupt sahen die Knüppel-Flügel komisch aus, gar nicht wie ein richtiger Flügel sondern eher wie lange Flossen mit sehr kurzen Federn dran. Um Oskar herum schrien einige der Frackträger aufgeregt: „Unsere Eier, unsere Eier, er will unsere Eier!" Oskar sah dem Anführer direkt in die schwarzen Augen und stammelte aufgeregt: „Ich bin Oskar der Flamingo und bin auf Wanderschaft. Ihr seid bestimmt Papageientaucher, freut mich euch kennenzulernen. Eure Eier will ich nicht." Es wurde auf einmal ganz still, alle sahen sich verwirrt an. Dann schlug der Anführer erneut nach Oskar, erst mit seinem linken („Auu!") dann mit dem rechten Flügel („Aua au!"). Der Riesen-Gunnar blinzelte zweimal, dann fing er plötzlich zu lachen an und prustete: „Hahaha...Papageien...Papa.. geien...hihihi, haha". Jetzt war Oskar noch verwirrter als zu vor. *Wieso lacht er mich aus?* dachte Oskar, *habe ich was Falsches gesagt?* Und *Patsch!* Gab es den nächsten Hieb.

Immer noch kichernd erklärte der Schlägervogel: „Wir sind Kaiserpinguine und ganz bestimmt nicht mit Papa... hihihi... geien verwandt." Oskar nickte nur. Eigentlich sollte es ihm peinlich sein, doch im Moment war ihm alles egal, denn er fror jämmerlich. Er spürte seine

Beine schon gar nicht mehr. So stellte er sich abwechselnd von einen Bein auf das andere, was die Pinguine gleich wieder zum Lachen brachte. Einer wollte es ihm nachmachen, doch der fiel sofort auf seinen dicken Bauch und warf dabei noch vier weitere mit um, worauf die anderen noch mehr lachten. Dabei schlugen sich einige gegenseitig mit ihren Flügeln auf den Rücken oder den Bauch.

Nach ein paar Minuten hatten sie bereits das Interesse an Oskar verloren. Mit viel Geschrei und Geschnatter watschelten sie davon, dabei schubsten und schlugen sie sich gegenseitig und so mancher stellte seinem Nachbarn ein Bein. Der eine oder andere hieb im Vorbeigehen nach Oskar, der immer noch an dem Eisloch stand, aus dem er aufgetaucht war. *Ich muss hier weg, sonst erfriere ich noch* konnte Oskar nur noch denken, *das heißt, wenn ich nicht vorher erschlagen werde.* Bibbernd sagte

er sein Sprüchlein auf, diesmal aber
wieder richtig:

„Hin und Her fließt das Meer,
so ruf ich den Marino her.
Mi
    Mo
        Marino"

Diesmal dauerte es etwas länger, bis
Marino auftauchte. Der sah sich verwirrt
um, bevor er Oskar fragte: „Wie kommst
du denn hier her? Du solltest doch in
Indien sein." Oskar konnte nur noch
leise mit seinen Schnabel klappern: „I-
i-i-ich hab-bb-b dich w-w-w-wie imm-mm-
mmer gerufen." Mehr konnte er nicht mehr
von sich geben, da fiel er schon
kopfüber in das Eisloch und war
verschwunden. Die Pinguine, die das
beobachtet hatten, riefen erschrocken:
„Oh, nein! Der arme Kerl hat sich ins
Eis gestürzt!"

Für einen kurzen Moment konnte Marino in
einer Eisscholle das hämische Grinsen

seiner Zwillingsschwester sehen. *Aha, du warst das also* dachte sich Marino, *na warte, Rache ist süß.*

Kolumbien

Dieses Mal, als Oskar die Augen öffnete, stand er an einem großen, breiten und sehr braunen Fluss. Er sah zur anderen Uferseite, die von dichtem Urwald bewachsen war. Viel konnte er nicht sehen, aber es war alles grün und nicht weiß und kalt. Er drehte seinen Kopf langsam landeinwärts. Da saßen viele bunte Vögel auf einem Ast, sie waren rot - blau gefiedert, mit gelben Flügelspitzen und ungefähr so groß wie eine Krähe. *Gefährlich sehen die nicht aus* dachte Oskar erleichtert. "Hallo, was seid ihr denn für Vögel?" fragte er neugierig. „Wir sind Aras, ja Aras, Aras sind wir, Aras, Aras, ja Aras." schallte es ihm entgegen, dabei nickten die Vögel bei jedem Wort mit dem Kopf. „Und du? Ja, du? Und du? Du Vogel?" ging es weiter durcheinander. Kaum fing einer an zu sprechen fielen die anderen ihm ins Wort. „Ich bin Oskar, der Flamingo" sagte er schnell während einer kleinen Pause. „Oskar Flamingo, Flamingo Oskar, Oskar, Oskar, Flamingo" Wiederholten sie aufgeregt. Einer von ihnen hob und senkte den Kopf rhythmisch und sagte: „Wir Aras Papagei, Aras." Die plapperten sofort nach: „Aras Papagei, Papagei Aras, Aras, ja Aras." *Warum müssen die immer alles wiederholen?* fragte sich Oskar, *wie soll man sich da vernünftig unterhalten?* „Wo sind wir hier?" wollte Oskar nun wissen. „Wo sind wir? Sind wir wo? Ja wir sind wo. Wo sind wir?" Die Antwort machte Oskar etwas Angst. Wussten sie nicht wo sie waren? Sind sie vielleicht nicht bei Sinnen? Während er so überlegte, plapperten die Aras weiter vor sich hin. „Ara Oskar. Ara Oskar, Oskar Flamingo, Ara". *Die machen mich noch wahnsinnig. Und diese dauernde Kopfnickerei..* Da hörte Oskar etwas rascheln und er sah sich um. Direkt neben seinem Kopf flatterte ein kleines Tier mit einem langen Schnabel und flüsterte: „Hier bin ich." „Was bist du denn für ein Winzling?" fragte Oskar verdutzt. „Ich bin ein Kolibri, der kleinste Vogel der Welt" antwortete der kleine Flattermann, „ich kann dir sagen wo du bist." Nun flüsterte auch Oskar: „Echt, das kannst du?" Der Kolibri hauchte: „Das hier ist der Amazonas, der durch Kolumbien fließt." „Amazonas. Kolumbien" wiederholte Oskar leise. Neugierig betrachtete er den Minivogel genauer: Er war wirklich winzig, nicht viel größer als eine Hummel. Seine kleinen Flügelchen schlugen so schnell, dass man sie kaum mehr sehen konnte. Seine Federn schillerten wunderschön in blau und grün, manchmal sogar blauviolett. Der Schnabel war leicht gebogen, sehr lang und sehr dünn, beinahe wie ein Schmetterlingsrüssel.

Oskar blickte wieder zu den Aras. Etwas zu laut fragte er: „Und was ist mit diesen komischen Vögeln?" Das hatten die Aras gehört. Sofort plapperten sie

wieder durcheinander: „Komischer Vogel,
Vogel komisch, komischer Oskar, Oskar
komisch, Oskar Vogel." Als sich Oskar
wieder umdrehte, war der Kolibri
verschwunden. Nach kurzer Suche
entdeckte er ihn an einer Blüte, aus der
er mit seinem langen Schnabel trank.
Riesengroße Katzen und winzig kleine
Vögel. Es gibt schon seltsame Tiere auf
der Welt dachte Oskar gerade, als ein
noch viel Seltsameres aus dem Unterholz
kam: Sein Körperbau glich dem eines
jungen Bären, nur in grau-schwarz. Am
seltsamsten aber war sein Kopf: Er sah
aus wie der Rüssel der Elefanten, nur
nicht so beweglich und außerdem stark
behaart. So etwas hatte er noch nie
gesehen. Er kannte kein Tier, das diesem
ähnelte. Sein Schwanz erinnerte an die
Schleppe des Pfaus im geschlossenen
Zustand, genauso lang, aber mit langen
grauen und schwarzen Borsten behangen.
Aus seiner Nase oder Rüssel nässelte
eine lange Zunge hervor, die wie ein

Regenwurm aussah. Echt seltsam, diesen Tier.

„A...Ameisen...Ameisenbär, Ameisenbär, ja Ameisenbär." krächzten die Aras. „Komischer Vogel, Flamingo komisch, Oskar komischer Vogel, Oskar komischer Flamingo, ja, ja komisch." quatschten sie weiter. Der Ameisenbär hatte kein Interesse an einer Plauderei sondern ging zielstrebig auf eine große Baumwurzel zu, wo er anfing mit seiner Zunge nach fressbaren zu suchen. Oskar schaute ihn ein wenig zu, dann aber weckte etwas anderes sein Interesse. In einer Baumgabel, nicht weit von ihm entfernt, hing ein gelb-schwarzes Tier, das er nicht zuordnen konnte. Es erinnerte ihn an die Schlange, die er gesehen hatte als er noch ein Jugendlicher war. Damals hatten seine Eltern ihn gewarnt, dass er mit der Hufeisennatter nur ja nicht spielen sollte, die würden das nicht mögen und seien sehr bissig. Diese Schlange hier war aber mindestens zehnmal so groß. *Hoffentlich ist sie nicht auch zehnmal so bissig* dachte Oskar ängstlich und zog seinen Kopf ein.

Mit einen lauten „Kcharch, kcharch" ließ sich ein eigenartiger Vogel neben den Aras nieder. Auch er fing sofort zu quatschen an: „Heee, du rosa Vogel." Die Aras plapperten wieder sofort nach: „Rosa Vogel, Vogel, Vogel, du rosa Vogel." Der neue schrie die Aras an: „Ruhe hier!" Sofort wiederholten sie auch dies: „Ruhe, Ruhe, Ruhe hier, hier Ruhe." Der schwarze Vogel war etwa so groß wie ein Rabe, hatte einen weißen Hals und einen mächtig großen Schnabel, der in leuchtend orange mit einem schwarzen Fleck beeindruckte. Seine Augen waren blau und freundlich und seine Stimme klang weicher als die von den Aras: „Ich bin ein Riesentukan und heiße Solan." stellte er sich Oskar vor. „Tukan, Riesentukan, Solan Tukan, Solan Riese." Krächzte es hinter ihm.

Ärgerlich sah er die Aras an, die sich keiner Schuld bewusst waren. „Hör nicht auf sie, sie sind einfältig." Die Aras krähten auch das nach: „Einfältig, einfältig, hör auf sie nicht, einfältig sie sind." Oskar musste sich ein Grinsen verbeißen. „Ich bin Oskar, der Flamingo, und bin auf Wanderschaft" stellte er sich Solan vor. Natürlich wiederholten die Aras auch dies: „Oskar, Flamingo Oskar, auf Wanderschaft, Oskar auf Wanderschaft."

Solan sprach weiter: „Die Aras können nur alles nachplappern." Wie zur Bestätigung schallte es von hinten: „Aras, ja Aras, nachplappern, plappern, Aras plappern. Alles plappern." Oskar zeigte mit seinen Schnabel auf das Tier in der Astgabel und fragte: „Was für ein Tier ist das?" Es echote: „Was ist das, Tier ist das, das ist Tier, ein Tier, ja ein Tier." Dabei gingen ihre Köpfe immer rauf und runter, so aufgeregt waren sie. Solan sah in die Richtung in die Oskar gezeigt hatte. „Das ist eine Anakonda, eine Riesenschlange. Sie ist sehr gefährlich und frisst alles, was ihr zu nahe kommt." Wie konnte es anders sein als dass die Aras auch dies nachplapperten: „ Ja, ja, Anakonda, Anakonda gefährlich, gefährliche Schlange, Anakonda." Solan schüttelte den Kopf und sagte zu den Aras: „Ihr seid dumm." Sie waren sich einig und schrien: „Seid dumm, so dumm, ja, ja dumm seid ihr." Solan seufzte genervt und verabschiedete sich bei Oskar: „Ich muss hier weg, die machen mich verrückt." Oskar konnte ihn gut verstehen, denn auch ihn nervte das Geplapper. „Muss weg, weg muss ich, verrückt die machen, sind verrückt, muss weg." Solan erhob sich in die Lüfte und glitt über den Fluss zum anderen Ufer in den Urwald, wo er sofort verschwand. Oskar hatte von diesen Land genug gesehen und beschloss Marino zu rufen.

„Hin und Her fließt das Meer,

so ruf ich den Marino her.

Mi

  Mo

    Marino"

Bevor sich das Wasser öffnete, hörte er hinter sich zum letzten Mal die Aras: „Meer fließt, Meer fließt, hin und her, hin und her, ruft Morino, Mo, Mi, Morino." Schnell ließ er sich fallen und hoffte, dass ihn die Aras nicht folgen würden.

Australien

Wo würde diesmal die Reise hingehen? Das fragte sich Oskar, bevor er die Augen öffnete. Wieder einmal stand er in einem See, mitten in einer großen Kolonie Wasservögel. Sie waren etwa so groß wie Oskar selbst aber nicht rosa sondern silbergrau. Am Hinterkopf hatten sie einen auffälligen roten Fleck. Ihr Schnabel war lang und spitz wie der von einem Storch. Einer trat mit wippenden Schritten an Oskar heran und begrüßte ihn: „Hey Duda. Was bist du für einer? Hab dich hier noch nie zuvor gesehen." Oskar antwortete ihn: „Ich bin Oskar, ein Flamingo, und bin auf Wanderschaft. Wer bist du und wo sind wir hier?" Der Vogel grinste: „Hast dich verflogen, watt? Ich bin Cooper, ein Australischer Kranich. Das hier ist Australien." Er senkte den Schnabel, stieß einmal kräftig in das seichte Wasser und hatte einen Frosch im Schnabel, den er

genüsslich verspeiste. „Lecker, lecker"
schmatzte er, „hast auch Hunger, Dude?
Dann zeig ich dir wo es die besten
Frösche gibt." Oskar schüttelte
angeekelt seinen Kopf und meinte nur:
„Nein Danke, ich fresse keine Frösche."
Cooper nickte einmal kurz und klapperte
mit seinem Schnabel: „Na, Kumpel, dann
stehen wir uns ja nicht im Weg bei der
Futtersuche." Schon war sein Schnabel
wieder im Wasser. Oskar sah sich ein
wenig um. In der Nähe am Ufer waren
mehrere rotbraune Tiere, die auf ihren
langen Hinterbeinen standen. Oskar
überlegte, was das für Tiere sein
könnten. Vielleicht Kaninchen, die hatte
er in Sardinien auch so aufrecht stehen
gesehen. Nur dass diese hier Mega-Super-
Riesen-Kaninchen sein mussten, denn sie
waren so groß wie ein Mensch,
mindestens. Eines von ihnen drehte sich
zu ihm um. Oskar staunte mit großen
Augen als er sah, dass dieses Mega-
Super-Riesen-Kaninchen einen Beutel an

seinen Bauch hatte, aus dem ein Mini-Kaninchen schaute. *Komische Kaninchen* dachte Oskar kopfschüttelnd. Neugierig sprang das große mit dem kleinen im Beutel auf seinen langen Hinterbeinen auf Oskar zu, blieb am Uferrand stehen und betrachtete ihn. Das Kleine kletterte aus dem Beutel und hüpfte noch ein wenig näher ans Wasser. *Bestimmt Mutter und Kind* vermutete Oskar. Als Cooper die zwei Hüpftiere bemerkte, rief er ihnen zu: „Guten Morgen, meine schöne Olivia. Wie geht es deinem kleinen Joshua?" Die angesprochene nahm mit ihren kleinen Vorderpfoten das Blatt aus dem Mund, an dem sie gerade kaute, und antwortete: „Danke sehr gut, Cooper! Wer ist dein neuer Freund?" Cooper sah Oskar kurz an und flirtete weiter: „Meine Schöne, darf ich dir Oskar, den Flamingo vorstellen?" dabei fuhr er durch sein silbergraues Gefieder und lächelte breit. Der Kleine Joshua sprang am Ufer aufgeregt hin und her und bettelte:

„Darf ich auf ihn reiten, Mama?
Bitttte!" Olivia lächelte verlegen:
„Nein das geht nicht mein Schatz. Du
bist viel zu groß und zu schwer für
einen Flamingo." Enttäuscht schlüpfte er
wieder in den Beutel seiner Mutter und
schmollte. „Dann werde ich den Kleinen
wieder zur Herde bringen, damit er nicht
noch Quatsch macht und euch als
Reittiere missbraucht." Dabei lächelte
sie die Beiden an und sprang zurück zu
den anderen Hüpfern, die weiter hinten
grasten. Cooper fing sofort zu schwärmen
an: „Ist das nicht eine tolle Känguru-
Dame? Schade dass ich ein Kranich bin,
sonst würde ich ihr den Hof machen."
Dabei seufzte er laut vor sich hin.

Plötzlich sah Oskar unter der
spiegelnden Oberfläche des Sees ein
eigenartiges Tier herum flitzen. Es
hatte einen Schnabel wie eine Ente, war
aber keine Ente. Der Rest seines Körpers
glich dem eines Bibers, aber es war kein
Biber. Das komische Tier tauchte direkt

vor dem verdutzt dreinblickenden Oskar
auf und schnatterte: „Hallo, hallo,
nicht erschrecken, ich bin es nur.
Wollte mir das seltsame Tier mit den
pinken Beinen ansehen. Was bist du denn
für ein rosa Vogel?" Statt Oskar
antwortete Cooper für ihn: „Das ist
Oskar der Flamingo, der hat sich
verflogen." Der Kranich plapperte
weiter: „Das ist Noah, das Schnabeltier.
Er lebt mit seiner Familie da drüben bei
den Bäumen." Er deutete zu einem sehr
großen Baum. Die Schnabeltierfamilie
konnte Oskar nirgends entdecken. Dafür
kauerten auf den Ästen des Baumes
mehrere kleine, flauschige graue Tiere,
die ihn mit ihren kleinen schwarzen
Knopfaugen beobachteten. Sie hatten
runde flauschige Ohren und eine schwarze
Nase. So ein Tier hatte er zuvor auch
noch nie gesehen. Noah das Schnabeltier
erklärte ihm, dass dies seine Nachbarn,
die Koala-Familie Petty seien. „Die sind

voll nett." Dann tauchte Noah ab und fort war er.

„Der hat es eilig, seine Frau ist allein mit den Kindern." erklärte Cooper ihm. Oskar nickte verständnisvoll. *Wie lebhaft doch Säugetierbabys sind*, ging ihn durch den Kopf. Er als Kind wartete brav im Nest auf seine Mutter, damit die ihn mit Futter versorgte. Als er nicht mehr ganz so klein war, lief er dann die meiste Zeit hinter seinen Eltern und Geschwistern her, beobachtete diese und lernte so, wie man Futter fischt. Irgendwie beneidete Oskar die Säugetiere, denn die hatten sehr engen Kontakt zu ihren Kindern und viel mehr Spaß beim Spielen. Wenn er sich vorstellte, seine Mutter hätte ihn auf den Rücken genommen und wäre mit ihm durch den See gestapft, das hätte bestimmt Spaß gemacht. Während er seinen Gedanken so nachhing zog er das rechte Bein an, legte seinen Kopf auf sein Gefieder und schlief ein. Er träumte davon, wie er als kleiner Flamingo im Beutel seiner Mutter Olivia saß und sich die Landschaft in Ruhe ansah, während sie über die Steppe hüpfte. Er sah riesige rote Felsen, die so beeindruckend waren, dass er dachte, die müssten doch zu diesem seltsamen roten See in Kolumbien gehören. „Hee, du Vogel. Lass die Finger von meiner Olivia! Sonst ersäufe ich dich im See" hörte er Coopers Stimme. Verschlafen blinzelte Oskar und sah den böse blickenden Cooper genau in eines seiner Augen, das ganz dicht vor seinem war. „Was ist los?" fragte Oskar müde. „Du hast im Traum gesprochen. Olivia, Olivia lass mich in deinen Beutel" äffte Cooper das nach. Sofort verdunkelte sich Oskars zartes Rosa in ein dunkles Pink und seine Backen leuchteten Signalrot. Oskar wollte hier nur noch weg, nicht dass Cooper in seiner Eifersucht ihn tatsächlich ertränken würde.

Er senkte den Kopf und sprach leise:

„Hin und Her fließt das Meer,
so ruf ich den Marino her.
Mi

   Mo

      Marino"

Als er sich kopfüber ins Wasser fallen
ließ, hörte er Cooper ein letztes Mal
plappern: „Mann, Kumpel... Musst dich
nicht schämen, das war nur ein Scherz."

Amerika

Oskar konnte es nicht glauben, als er sah wo er stand: In einer Pfütze. Eine große Pfütze, mehr war das nicht. *Was dachte sich Marino jetzt wieder dabei?* fragte sich Oskar. Er wollte sich gerade die Umgebung ansehen, als der Boden grummelte. Plötzlich wirbelte Oskar durch die Luft. „Aaaaaaahhh! Hiiiiilfeeeee" schrie Oskar entsetzt. Etwas Heißes hat ihn einfach hochgehoben und mindestens zehn Meter hochgewirbelt. Oskar öffnete die Flügel und glitt langsam zu Boden. Sein Herz raste wie wild, als er wieder aufsetzte. Doch als er sich umdrehte war alles wieder ruhig, als hätte er sich das alles nur eingebildet. „Ha, ha, ha dein Gesicht hättest du sehen sollen" prustete Marino los. Ärgerlich stöhnte Oskar: „Bring mich hier weg." Marino lachte und lachte. „Das war doch nur ein Geysir" brachte er schließlich kichernd hervor.

„Ein Minivulkan aus Dampf und Wasser,
das aus der Erde spritzt. Ich dachte,
das würde dir gefallen" verteidigte sich
Marino. Doch Oskar fand das gar nicht
lustig. „Ich wurde beinahe gekocht! Aber
macht ja nichts, Hauptsache du hast was
zum Lachen. Wie ich mich fühle,
interessiert dich nicht." Trotzig drehte
er Marino den Rücken zu. „Bring uns
schleunigst hier weg, bevor der nächste
Ausbruch kommt!" „Keine Angst, der
Geysir bricht nur alle 10 Minuten aus"
versuchte Marino Oskar zu beruhigen.
Doch noch während er das aussprach,
hatte er einen Geistesblitz: „Wir müssen
warten, bis kurz vor dem nächsten
Ausbruch!" „Und dann?" fragte Oskar
verwundert. „Dann rufst du meine
Schwester" antwortete Marino mit einem
Lausbubengrinsen. „Deine Schwester"?
fragte Oskar sichtlich verwirrt, „aber
ich kenne sie nicht. Wie soll ich sie
dann rufen?" „Du hast sie schon einmal
gerufen, wahrscheinlich versehentlich"

erklärte Marino, „Marina. Meine
Zwillingsschwester. Sie hat dich zu den
Pinguinen geschickt." Jetzt begriff
Oskar. Ja, dafür hatte diese Marina
diesen Streich verdient. Aufgeregt
fragte er: „Was muss ich tun?" „Du musst
sie rufen. Genauso wie du mich immer
rufst, nur dass du statt „Marino"
„Marina sagst" antwortete Marino. „Das
ist leicht" freute sich Oskar und holte
Luft. „Aber erst wenn der Geysir
ausbricht" bremste in Marino schnell.
Ungeduldig beobachteten beide die
Wasseroberfläche. Als die ersten
Dampfbläschen aufstiegen rief Oskar
schnell und laut:

„Hin und Her fließt das Meer,
so ruf ich denn Marina her.
Mi
    Ma
        Marina"

Geht das schon wieder los dachte Marina
verärgert, als sie erneut vom Sog

erfasst wurde. Kaum an der Oberfläche, erahnte sie schon das rosa Gesicht des Flamingos. „Was soll das?" wollte sie ihn sofort anfahren, doch sie wurde von einem heftigen Druck erfasst und hoch in die Luft geschleudert und aus dem gedachten „Was..." wurde ein lauter Schrei: „Waaaaaaaa!!!". Der Dampfstoß hörte genauso abrupt auf wie er begonnen hatte. In Tausend kleinen Tröpfchen rieselte Marina herab in die Pfütze. „Das - ist - nicht - lustig" zischte Marina, nachdem sie sich wieder zusammengesammelt hatte. Um sie herum brodelte das Wasser, so sehr kochte sie vor Wut. Die beiden anderen jedoch kugelten sich vor Lachen. Oskar lag auf dem Rücken und strampelte mit seinen Beinen in der Luft, „hihihihahaha hihihaha" gackerte er dabei. Marino brustete laut „hohoho huhuhu" und schüttelte sich dabei so heftig, dass das Wasser aus der Pfütze spritzte. „Dafür schicke ich dich mitten ins Meer" keifte Marina in Oskars Richtung, „ich hetze dir die Hammerhaie auf den Hals!" „Gar nichts wirst du!" herrschte Marino seine Schwester an, „Das war die Rache für den Streich, den du Oskar gespielt hast." „Ach ja? Und wegen der Kleinigkeit lässt du deine eigene Schwester in kochendem Dampf aufgehen?" fragte Marina schnippisch. „Du bist ein Wassergeist, Marina" antwortete Marino mit strengem Ton, „ob das Wasser um uns herum eine Dampfwolke oder ein Eisblock ist, macht für unsereins keinen großen Unterschied. Oskar aber hätte am Südpol tatsächlich erfrieren können. Er hätte sterben können." „Was auch beinahe geschehen wäre." ergänzte Oskar mit ebenso ernster Miene. *Sterben?* Marina erschrak. Das hatte sie nicht gewollt. Ihre Wut war wie weggeblasen und auch das Wasser um sie herum war mit einem Schlag still. Stattdessen bekam sie ein schlechtes Gewissen. „Das mache ich wieder gut, versprochen" flüsterte sie reumütig, bevor sie untertauchte und verschwand.

„Was meint sie damit?“ fragte Oskar peinlich berührt. Marino zuckte mit den Schultern. „Mädchen halt“ brummte er, „weiß doch eh keiner, wie die ticken. Komm, lass uns verschwinden.“ Marino öffnete die Wasseroberfläche und Oskar ließ sich hineinfallen.

Diesmal stand er am Ufer eines Sees, der dunkelblau glänzte. Ein Schwan näherte sich ihm und trompetete los: „Trööt...Seit wann tauchen Flamingos? Trööt...Ich kenn euch nur fliegend.“ Oskar schaute den Schwan erschrocken an und plapperte: „Das tun wir auch. Wer bist du denn und wo bin ich hier?“ Der Schwan hob seinen Kopf und erklärte Oskar, was er wissen wollte: „Trööt...ich bin Abigail ein Trompeterschwan und du bist hier im Yellowstone-Nationalpark in Amerika.“ Oskar drehte seinen Kopf in alle

Richtungen und sah sich aufmerksam um. Der See war riesig. Am Ufer wechselten sich große Wiesen mit schier endlosen Wäldern aus hohen Bäumen ab und in der Ferne hinter dem dunklen Wald wuchsen schneebedeckte Berge in den blauen Himmel. Es sah schön aus hier, ruhig und friedlich. Nicht allzu weit weg sah er verschiedene Tiere, die gerade weideten. Eines der Tiere trottete auf den See zu. Oskar bekam es mit der Angst als er sah, wie mächtig groß dieses dunkelbraun behaarte Tier war. Auf seinem massigen Kopf hatte es zwei Hörner, die klein aussahen gegenüber seinen restlichen Körper. Oskar dachte an den Elch, den er in Norwegen gesehen hatte und der ihm so groß vorgekommen war. Doch dieses Tier war noch mächtiger mit seinem starken Buckel und dem massigen, muskulösen Körper. Am Beeindrucktesten war jedoch der im Vergleich zum Körper riesige, mit dichten dunkelbraunen Locken bewachsene Schädel. Oskar ging einige Schritte rückwärts, dabei ließ er das furchteinflößende Tier nicht aus den Augen. Abigail grüßte das Monster: „Trööt...hallo Mason. Wie geht's dir heute?" Mason blieb am Ufer stehen und senkte den mächtigen Kopf. Aus seinen Nüstern dampfte es, als er tief ausatmete. „Geht so! Und dir? Hast einen neuen Verehrer gefunden?" röhrte er laut mit tiefer Stimme. Abigail war das sichtlich peinlich: „Trööt...nein, nein, das ist Oskar der Flamingo." Mason fing zu trinken an und sah dabei auf die Wasseroberfläche, als würde er sich konzentrieren. „Das ist Mason der Bison" erklärte Abigail Oskar. „Ein feiner Kerl! Hat mir das Leben gerettet, als mich ein junger Puma jagte." Mason hatte offensichtlich seinen Durst gelöscht und trottete ohne ein weiteres Wort davon.

„Was sind Puma für Tiere?" wollte Oskar wissen. Abigail schluckte: „Trööt... Räuber, tröt tröt. Groß, stark, schnell. Gefährlich. Trrööt. Diesen Sommer hatte sich ein junger unerfahrener Puma hier her verlaufen. Er griff mich an, als ich zu meinem Nest wollte. Zwei Federn hat er mir ausgerissen." Oskar sah sie erschrocken an. „Folge mir, dann zeige ich dir einen von ihnen" bot Abigail an. Oskar rief ängstlich: „Nein, nein...nicht nötig." Doch der Schwan war schon losgeschwommen. Widerwillig stakste Oskar hinterher. Als sie anhielt, blieb Oskar neben ihr stehen. Misstrauisch suchte er das Ufer ab doch er konnte nichts Auffälliges sehen. Dort waren nur Felsen und zwei Bäume, die fast keine Rinde mehr hatten. Abigail schwamm nun ganz nah an ihn heran und deutete auf einen Felsvorsprung. „Trööt...Siehst du ihn liegen?" fragte sie ihn. Oskar schüttelte den Kopf. „Trööt...Tröööt... schläfst du noch?" trötete Abigail laut los. Nun bewegte sich etwas im Schatten des Felsen und kam auf sie zu. Oskar erstarrte vor Schreck. *Der sieht ja aus wie ein Löwe*

nur etwas kleiner, dachte sich Oskar.
„Trööt...Keine Angst. Logan ist zu alt
zum Jagen, der frisst nur noch As"
erklärte Abigail beruhigend. Logan
schlenderte zu einem der Bäume und
schärfte am Stamm seine Krallen. Das
allein sah für Oskar schon sehr
gefährlich aus. Da wollte er das mit dem
Jagen lieber nicht ausprobieren.

Ein seltsames Geräusch lenkte Oskars
Aufmerksamkeit auf sich:
rrrrr...rrrrr..rrrrr hörte er immerzu.
Noch ein kurzer Blick auf Logan, der
schon wieder im Schatten döste, dann
schritt er mutig ans Ufer. Er fand eine
Schlange zusammengerollt im Gras liegen.
Ihre Zunge schnellte immer wieder hervor
und flatterte in der Luft, aber dieses
Züngeln machte nicht das seltsame
Geräusch. Dann sah er am Schwanzende
eine Rassel. *Oh, wie süß. Eine spielende
Babyschlange* dachte Oskar. Abigail aber
schrie aufgeregt: „Trööt...geh da ganz
schnell weg! Weg! Weg!" Irritiert ging

Oskar einen Schritt zurück, als die Schlange auch schon nach vorne schnellte. „Huch!" rief Oskar überrascht und sprang in die Luft. Um ein Haar hätte sie Oskar gebissen. Mit breit gespreizten Schwingen landete er sanft neben Abigail. „So ein Schlingel" meinte er lachend. „Trööt... bist du verrückt?" ging sie ihn sofort an. „Aber warum?" fragte Oskar verwirrt, „Das ist doch nur eine Babyschlange, die mit ihrer Rassel spielt." Abigail schüttelte verärgert den Kopf über so viel Leichtsinn und schrie Oskar an: „Trööt tröt tröt...das du überhaupt noch lebst ist ein Wunder! Näherst dich der Klapperschlange und denkst auch noch, sie sei ein Baby. Sie ist eine der giftigsten Schlangen, die es gibt, und das weiß sie auch. Wenn sie dich erwischt hätte, dann wärst du jetzt tot." Oskar sah sie erschrocken an. *Tot?* Er schluckte schwer und antwortete kleinlaut: „Das wusste ich nicht. Danke dass du mich gewarnt hast."

Immer noch etwas verärgert schwamm Abigail langsam am Ufer entlang. Nach ein paar Metern winkte sie Oskar mit ihrem Flügel zu sich. „Nun komm schon" brummte sie. Oskar flog zu ihr hin und stakste dann stumm neben ihr her. So gingen sie eine Weile, bis Abigail stehen blieb und flüsterte: „Vor Grizzlybären musst du dich auch in acht nehmen. Das hier ist Chayenne mit ihrem Sohn Geronimo. Wenn du ihrem Jungen zu nah kommst, wird sie sauer." Oskar sah zuerst nur den kleinen süßen braunen Bär im flachen Wasser sitzen und an einem großen Fisch lecken. Doch dann sah er seine Mutter, die bestimmt fünfmal so groß war wie ihr Kind. Sie war vielleicht nicht ganz so groß wie Mason, der Bison, aber auf jeden Fall größer als die Löwen in Afrika. Sie ging auf allen vieren und schnüffelte mit ihrer Nase im Wind. Erstarrt sah Oskar zu, wie sie sich auf ihre Hinterbeine stellte und sich ihre Nackenhaare aufstellten.

Es sah aus als würde ein Ungeheuer in den Himmel wachsen. *Die verputzt mich in einem Happen samt Schnabel und Federn* ging es Oskar durch den Kopf. Die Grizzlybärin brummte etwas zu ihrem Jungen, das augenblicklich den Fisch fallen ließ und zu ihr lief. „Was ist den los?" fragte Oskar nervös. „Trööt...Da ist bestimmt wieder ein Wolfrudel in der Nähe. Chayenne hat es gewittert und will ihren Sohn in Sicherheit bringen." Die beiden Bären trotteten gemeinsam in Richtung der Felsen, wo der Puma gelegen hatte. *Pumas, Schlangen, Bären und jetzt auch noch Wölfe! Das ist hier ganz schön gefährlich* dachte sich Oskar. *Hier hält mich nichts mehr.* Und so verabschiedete er sich von Abigail: „Ich muss weiter, bevor die Sonne untergeht. War schön dich kennen gelernt zu haben." „Trötö...Gute Reise" antwortete Abigail, „pass gut auf deine Federn auf!" Oskar nickte nur und sah Abigail ein letztes

Mal nach, als sie davon schwamm. Als er
sicher war, dass sie nicht mehr her sah,
sagte er seinen Spruch auf:

„Hin und Her fließt das Meer,
so ruf ich den Marino her.
Mi
   Mo
      Marino"

Kuba

Das erste, was er nach dem Auftauchen
wahrnahm, war das Geklapper der Schnäbel
von Flamingos auf der Futtersuche.
Dieser Klang war für ihn unverwechselbar
wie die Stimme seiner Mutter. Ganz
langsam öffnete er seine Augen - und war
wie geblendet. Er wischte sich mit einem
seiner Flügel über die Augen, doch er
traute ihnen immer noch nicht, deshalb
legte er beide Flügel vors Gesicht.
Vorsichtig lugte er zwischen die Federn
hindurch: Er sah in die zwei schönsten
Augen, die er je gesehen hatte. Sein
Herz fing so sehr zu flattern an, dass
er das Gefühl hatte, es würde mit ihm
davon fliegen. *Ich bin im Himmel* dachte
er mit seligem Blick. Da sprach sie ihn
an: „Holla, schönerr Mann." Dabei
klimperte sie mit ihren langen Wimpern.
Meint sie mich? Er drehte sich um und
sah eine große Zahl Flamingos, die mit
der Suche nach Futter beschäftigt waren

und ihnen den Rücken zudrehten. Also musste sie ihn gemeint haben. *Schöner Mann hat sie gesagt.* Oskar traute seinen Ohren nun auch nicht mehr. *Zu mir! Mit einer Stimme wie ein Engel.* Er zwang sich zur Ruhe und versuchte etwas zu antworten: „Ähhh...ja, ja...wer bist du? Bin ich im Himmel?" Dabei klopfte sein Herz bis zum Hals. Er war sich sicher, dass sie es hören musste, so laut klopfte es. Sein Gegenüber lächelte ihn kokett an: „Ich bin Luana. Kuba ist zwar schön, aber der Himmel ist es nicht. Wolltest du dort hin?" *Wie süß sie das „r" rollt. Oh mein Gott* dachte Oskar, *diese Luana bringt mich um den Verstand. Dieser zuckersüße Schnabel. Und diese Augen...* Während er sie verzückt anstarrte, schritt sie um ihn herum und betrachtete ihn. Dabei legte sie verlegen ihren Kopf zur Seite und zwinkerte ihm zu. Er konnte sich an ihr nicht satt sehen. Ihr geschmeidiger Hals wiegte bei jedem Schritt sanft auf und ab. Ihr Gefieder leuchtete rot und glänzte wunderschön. Eine solch kräftige Farbe hatte er zuvor noch nie bei einem Flamingo gesehen. Oskar war Hals über Kopf verliebt. Diese Luana war so aufregend wie seine Reisen.

Oskar wollte unbedingt mit ihr im Gespräch bleiben. Er musste irgendetwas sagen, irgendwas schlaues, aber was nur? „Ich bin Oskar, der Flamingo" rutschte es im raus. Sehr schlau. Luana fing zum Lachen an, was ihn noch mehr verzauberte. „Echt, du bist ein Flamingo? Da wäre ich nie im Leben draufgekommen." Oskar ärgerte sich, dass er so einen Quatsch gesagt hatte. Klar wusste sie das, sie war doch selbst ein Flamingo. Seine Backen leuchteten noch roter als Luanas Gefieder. „Ich komme aus Sardinien und habe mir die Welt angesehen" plapperte er schnell weiter. „Die ganze Welt?" fragte Luana leise. Oskar wollte antworten, doch er brachte kein Wort mehr heraus. Sie stellte sich ihm ganz nah gegenüber und legte ihre Stirn an seine, und so formten ihre Hälse ein Herz. Oskar hielt die Luft an. Das hatte zuvor noch keine bei ihm gemacht. Die Mädchen in seiner Kolonie redeten nicht einmal mit ihm. „Ich finde dich einfach nur süß" flüsterte Luana. „Ich dich auch!" flüsterte er zurück. Beide kicherten wie zwei Teenager. „Erzählst du mir von deinen Reisen?" fragte sie ihn. „Sehr gerne!" freute sich Oskar und fing an zu erzählen.

Direkt hinter ihnen -und von beiden unbemerkt- wirbelte ein kleiner Wassergeist glücklich im Kreis. Marina freute sich riesig, dass es ihr gelungen war, Luana unauffällig an die Stelle zu locken, an der Oskar kurz darauf aufgetaucht war. *Ich hab doch versprochen, ich mach's wieder gut* dachte sie strahlend, *hach, wie romantisch*. Dann verblasste sie langsam und ließ das verliebte Paar alleine.

Von diesem Moment an sah man die beiden
nur noch beieinander stehen. Wenn sie
nach Futter fischten, bewegten sich ihre
Schnäbel im Gleichtakt durchs Wasser.
Wenn die Sonne unterging, standen sie
sich gegenüber und sahen sich tief in
die Augen. Dabei berührten sie sich an
Kopf und Stirn, so dass ihre Hälse ein
Herz formten. Und wenn sie schliefen,
standen sie beide auf demselben Bein.
Jeder, der sie so sah, wäre sich sicher
gewesen, dass sie schon jahrelang ein
Paar sind. Oskar war noch nie so
glücklich gewesen in seinem Leben. *Kuba
muss der Himmel sein* dachte er. *Wenn
Kuba nicht der Himmel ist, dann kann es
im Himmel gar nicht so schön sein wie
hier.*

Unruhig schwamm Marino vor der
Familienhöhle auf und ab. *Langsam ist er
überfällig* dachte er. „Du siehst besorgt
aus, Bruderherz" riss ihn Marina aus
seinen Gedanken. „Ach es ist nur wegen
Oskar" seufzte Marino. „Dein Flamingo-

Freund? Was ist mit ihm?" fragte Marina neugierig. „Eigentlich nichts." antwortete Marino, „Keine Ahnung. Wahrscheinlich gar nichts." Marino zuckte mit den Schultern. „Es ist nur... Er hat sich seit zwei Wochen nicht mehr gemeldet. Normalerweise hält er es nicht mehr als einen, höchstens zwei Tage am selben Fleck aus." Marina lächelte wissend. „Ach so." meinte sie leichthin, „Mach dir mal keine Sorgen. Dem geht's gut, da bin ich mir sicher." „Woher willst du das wissen?" fragte Marino verdutzt. „Ach, nur so" zwitscherte Marina vergnügt. Misstrauisch verengte Marino die Augen. „Nur so? Das glaube ich dir nicht" sagte er. „Also, was weißt du von Oskar? Du verheimlichst mir doch was!" „Ach nichts, nur Mädchenkram. Glaub mir, Oskar geht's gut. Der ist nur... anderweitig beschäftigt" antwortete sie grinsend, dabei schwamm sie vor Marino einmal im Kreis. „Was hast du mit ihm angestellt?" fuhr Marino sie an. „Nichts“ antwortete sie fröhlich. „Jedenfalls nichts Schlimmes. Im Gegenteil.“ fügte sie leise an. Eine fröhliche Melodie summend schwamm sie davon. Dabei stieß sie ein paar kleine Blubberherzen aus. „Wird höchste Zeit, dass ich nachschaue“ brummte Marino ihr hinterher.

„Das meinte Marina also mit „anderweitig beschäftigt““ sagte Marino zu sich selbst, nachdem er aufgetaucht war. Er brauchte seinen Freund nicht lange zu suchen: Oskar stand mitten im flachen See mit einer kubanischen Flamingo-Dame, die Hälse eng umschlungen. Marino wartete auf eine Gelegenheit, unbemerkt mit seinem Freund sprechen zu können. Endlich, nach vielen Stunden, ging das Flamingo-Mädchen ins Gebüsch, „für kleine Flamingos“. Marino schwamm sofort zu Oskar hinüber. „Hey, Kumpel! Psst! Hier bin ich!“ flüsterte er. Oskar sah überrascht zu ihm hinunter. „Ach, du bist es“ sagte er lächelnd, „Wie geht’s dir? Ich hab dich doch gar nicht gerufen." „Das ist es ja, weshalb ich mir Sorgen mache. Du hast dich seit zwei Wochen nicht mehr gemeldet. Willst du gar nicht mehr weiter?" fragte Marino. „Keine Sorge, mir geht's gut" strahlte Oskar in an, „ich glaube, ich bleibe hier." Dabei blickte er sehnsüchtig Richtung Gebüsch. „Hier? Warum?" fragte Marino. Mit verträumtem Blick legte Oskar den Kopf schief. „Luana" hauchte er. *Ach du Schreck! Der ist ja bis über beide Ohren verknallt!* dachte Marino. Nachdenklich schwamm er um Oskars Beine. *Würde mich nicht wundern, wenn da meine herzallerliebste Schwester ihre Finger im Spiel hat* überlegte er. Dann blieb er stehen und sah Oskar lange an. „Weiber" seufzte er leise, schnaufte tief durch und machte Oskar einen Vorschlag: „Warum nimmst du sie nicht mit zu dir nach Hause?" „Würde das gehen?" fragte Oskar überrascht. „Sicher. Aber nur immer einer nach den anderen, denn ich bin

noch nicht erwachsen, da kann ich euch
beide nicht gleichzeitig mitnehmen" gab
Marino ehrlich zu. „Du bist noch ein
Kind?" fragte Oskar überrascht. Marino
ärgerte sich über sich selbst, weil ihm
das rausgerutscht war. „Nein, kein
kleines Kind" schnauzte er, „nur noch
nicht ganz erwachsen."

„Du bist also derjenige, der meinen
Oskar zu mir gebracht hat" sagte Luana
lächelnd, als Marino ihr vorgestellt
wurde. Dieser grinste verlegen. Als
Marino seinen Vorschlag wiederholte, war
Luana zuerst skeptisch. Doch je mehr
Oskar von Sardinien erzählte, desto
neugieriger wurde sie. Und schließlich
willigte sie ein. „Ihr müsst aber
möglichst unauffällig verschwinden"
mahnte Marino, „sonst gibt es hier einen
riesen Wirbel". In aller Heimlichkeit
verabschiedete Luana sich von ihrer
Familie. „Meinen Segen habt ihr"
erklärte Luanas Vater mit feierlicher
Stimme. Dabei drückte er Luana mit

seinem linken Flügel und Oskar mit dem rechten Flügel an sich. Luanas Mama wischte sich verstohlen eine Träne aus dem Auge. „Besucht uns bald mal" forderte sie das verliebte Paar auf. „Mit unseren Enkelkindern" ergänzte Luanas Papa mit breitem Grinsen.

Ein leises Plätschern verriet, dass Marino aufgetaucht war. „Die Luft ist rein. Also los! Oskar, du zuerst" kommandierte er. Und an Luana gewandt: „Ich hole dich gleich nach." Alle nickten. Oskar umschlang noch einmal Luanas Hals mit dem seien. Dann drehte er sich schnell um, ließ sich nach vorne fallen und war weg.

Wieder zurück

Als Oskar die Augen aufmachte, stand er
am selben Fleck wie an dem Tag, an dem
seine Reise begann. Er sah sich um:
Seine Kolonie watete ein kleines Stück
von ihm entfernt durchs Wasser, vom Meer
wehte eine sanfte Brise herüber, am
Horizont zog ein Schiff seine Bahn und
oben war ein kleines weißes Wölkchen am
ansonsten strahlend blauen Himmel zu
sehen. Alles war beim Alten. Nichts
deutete daraufhin, dass er überhaupt weg
gewesen war. *Habe ich alles nur
geträumt?* fragte sich Oskar. *Aber was
ist dann mit Luana?* Sein Herz schlug so
schnell, dass ihm schwindelig wurde.
*Nein! Mein Herz irrt sich nicht. Es hat
die Liebe gespürt und jetzt den Schmerz
des Verlassenen.* Bei einem Traum würde
es ganz normal weiter schlagen, da war
er sich sicher.

Er starrte auf die Stelle, an der er aus dem Wasser gekommen war. Er traute sich nicht einmal blinzeln aus Angst, er könnte den Augenblick verpassen, in dem sie vor ihm stand. Und so stand er da, starrte aufs Wasser und wartete. „Holla, schönerrr Mann!" hörte er ihre Stimme in seinem Rücken. Er war sich nicht sicher, ob er es sich nur eingebildet hatte. Langsam drehte er sich um und hatte schon Angst, nichts als Schilf und Wasser zu sehen. Doch tatsächlich stand sie da und strahlte ihn an. Kurz sah er noch, wie Marino den Daumen hob, bevor er wegtauchte. Es war also wahr. Es war nicht nur ein Traum gewesen, Oskar war so weit gereist und hatte am Schluss seine große Liebe gefunden.

Mittlerweile hatte auch der Rest der Kolonie mitbekommen, dass hier etwas Seltsames vor sich gegangen sein musste. Aufgeregt schnatterten alle durcheinander. „Oskar ist wieder da" hörte man die einen. „Ach, Oskar war

weg?“ hörte man die anderen. „Wer ist
die Fremde?“ fragten alle.

Als die jungen, unverheirateten
Flamingo-Männchen Luana sahen, begannen
sie aufgeregt um ihre Aufmerksamkeit zu
balzen. Sie schlossen sich zu großen
Rudel zusammen und liefen im
Gleichschritt vor ihr auf und ab. Hin
und her liefen sie, hin und her und her
und hin und wieder zurück. Dabei reckten
sie ihre Hälse kerzengerade in die Luft,
denn jeder wollte größer als alle
anderen sein. Wie auf Kommando drehten
sie immer wieder ihre Köpfe, damit Luana
ihre schönen Schnäbel von allen Seiten
bewundern konnte. Doch Luana hatte nur
Augen für ihren Oskar.

Marino gluckste blubbernd, als er die
Flamingos bei ihrem seltsamen Balztanz
sah. Er hatte sich im Schilf versteckt
und musste sich zusammenreißen, damit er
nicht laut loslachte. Es sah einfach
urkomisch aus, wie die rosa Vögel mit

kurzen Trippelschrittchen und lang gestrecktem Hals vor Luana hin und her rannten. „…mi ma Marina" flüsterte er kichernd und gleich darauf erschien seine Schwester. „Was ist denn nun…" fing sie an, doch Marino unterbrach sie: „Pssst!" machte er und deutete auf die rennenden Flamingos. Marina lachte ins Wasser, dass es um sie herum sprudelte.

„Komm, ich stell dich meinen Eltern vor" sagte Oskar und zog Luana mit sich. „Sehr gerne!" sagte sie fröhlich und fügte im nächsten Moment unsicher an: „Hoffentlich mögen sie mich." „Bestimmt!" war sich Oskar sicher. Und tatsächlich: Oskars Eltern nahmen Luana mit offenen Armen auf. „Nun hat unser Oskar doch noch seine Traumfrau gefunden!" rief Oskars Mutter glücklich. Und an Luana gewandt: „Wir dachten schon, er findet gar keine mehr." „Mama!" rief Oskar vorwurfsvoll und bekam gleich wieder rote Backen.

Noch am selben Abend wurde Hochzeit gefeiert. Die Flamingos feierten die halbe Nacht mit viel Gekrächze und Geschnatter. Die Junggesellen tanzten wieder ihren komischen Tanz. Marino und Marina schauten heimlich zu und kugelten sich vor Lachen. In einem stillen Moment schwammen sie zu dem frisch vermählten Paar und gratulierten den beiden. „Besucht uns mal wieder!" sagten Oskar und Luana wie aus einem Mund. „so oft ich kann" versprach Marino. „Ganz sicher" meinte Marina grinsend, „ich will doch eure Babys sehen!"

Im nächsten Frühjahr sah man zwei Flamingos -einen leuchtend roten und einen rosafarbenen- aufgeregt um ein Nest rennen. Ungeduldig beobachteten die beiden, wie ein kleiner Schnabel durch die Schale seines Ei pickte. Mühevoll arbeitete sich der Kleine nach draußen, Pick für Pick wurde das Loch in der Eierschale größer. Die besorgten Eltern hätten so gerne geholfen doch sie hatten

Angst, mit ihren großen Schnäbeln das kleine Küken zu verletzen. Endlich streckte sich ein erschöpftes kleines Köpfchen aus dem Ei. „Hallo Marino“ begrüßte ihn Oskar voller Stolz, „Willkommen auf der Welt.“

Ende

Angst, mit ihren großen Schnäbeln das kleine Küken zu verletzen. Endlich streckte sich ein erschöpftes kleines Köpfchen aus dem Ei. „Hallo Marino“ begrüßte ihn Oskar voller Stolz, „Willkommen auf der Welt.“